カリスマ講師の

日本一成績

魔法の

歴史総合ノート

オンライン予備校「ただよび」講師

鈴木 悠介

KADOKAWA

はじめに

「歴史総合」始動！

　2022 年 4 月から新たにスタートした新科目「**歴史総合**」。この科目は、近代以降の日本史と世界史を分断することなく一つの歴史として学習するという点で、日本の教育史上、非常に画期的なものです。学習法としては、**日本と世界がどのように関連し合って歴史が展開されていったのか**を把握しつつ、さまざまな資料を読み取り、歴史に関する「問い」を探究するという「脱詰め込み」型の手法が重視されています。

　この本を手にとってくれた皆さんは、それぞれの学校で歴史総合の授業と日々格闘しているのではないでしょうか。先生が準備してくれた資料を読解したり、自分の考えをまとめてクラスメートの前で発表したり、時にはグループで議論したりすることもあるでしょう。そこでは、ある種の知的な攻撃力が要求されます。そんな**「知の総力戦」とでも言うべき荒波にもまれているあなたに授ける強力な武器**、それがこの本です。

この本の構成

　この本は、**ノートサイズ・フルカラーという利点**を最大限にいかし、読者の皆さんが歴史総合の全体像をイメージしやすい形で伝えることに主眼を置いています。

　見開き 1 テーマ完結（合計 70 テーマ）で、日本史・世界史それぞれの観点から歴史を解説し、各テーマ右ページには、**手描きの地図・人物イラスト・図解**などをたくさん入れました。また、各テーマ左ページに掲載している文章スタイルの解説では、テーマ同士のつながり（＝日本史・世界史のつながり）や歴史的意義など、**歴史を学ぶ醍醐味**をふんだんに盛り込んでいます。

知識 × 思考

　歴史総合では、探究型の学習を通じて**歴史的な思考力を養う**ことが大切なのは言うまでもありません。ただ一方で、高校生の皆さんには、歴史総合における知識の最低ラインを効率的にまとめた参考書があればありがたいという偽らざる本音があるのではないでしょうか。

　この本は、そう考える高校生の**日常学習のパートナーとして最適な 1 冊**です。ふだんの授業と並行して読み進めていくうちに、頭のなかに知識のネットワークができ上がってくるのを実感することでしょう。さらには、**歴史総合の授業でおのずから積極性を発揮している自分**に気づくはずです。

最 後 に

　この本の制作にあたっては、多くの方たちにご協力をいただきました。各テーマ右ページの手描きノートを作成してくれたのは、教え子の竹花ひなたさんです。多忙な学生生活の合間をぬって、すばらしい作品を仕上げてくれました。加えて、多方面からサポートをしてくださった日本史講師の矢﨑聖先生と世界史講師の安東寛崇先生、元教員 YouTuber の大河内綾乃さん、本当にありがとうございました。また、この本の企画を提案してくださった山川徹さん、編集実務を担当してくださった荒木久恵さんにも、この場を借りて心からお礼を申し上げます。

鈴木　悠介

CONTENTS

＊★は、それぞれの「テーマ」の頻度（重要度）を５段階で表示しています。★の数が多いほど頻度が高いことを表しています。

＊ 世界史 ／ 日本史 のうち、黄色の網かけ（　　　）で強調されているほうが、それぞれの「テーマ」が世界史分野と日本史分野のどちらに属しているかを表します。

第 **1** 部　近代化と日本・世界

第 **0** 章　前近代の世界

第 **1** 章　16〜18世紀の世界

第 **2** 章　近代欧米世界の成立

第3章 日本の近代化と立憲体制

第2部 国際秩序の変化と大衆化

第4章 帝国主義の時代

第5章 第一次世界大戦とその後の世界

第9章　冷戦の終結とグローバル化

第10章　現代世界の課題

ノート提供：竹花　ひなた・大河内　綾乃

＊この本は、2023年2月時点の情報に基づいて執筆されています。

この本の特長

70個の「テーマ」で「歴史総合」の全範囲を網羅

　この本は、世界史分野と日本史分野の両方を含むため、範囲が広く、内容も多岐にわたる「歴史総合」の履修内容を70個の「テーマ」に集約し、とてもわかりやすく解説しています。

＼＼ 覚えるべきところ理解すべきところが ／／
ハッキリ示されていて使いやすい構成

1. ★は、それぞれの「テーマ」の頻度（重要度）を５段階で表示しています。

2. ★の数が多いほど頻度が高いことを表しています。

3. 世界史／日本史のうち、黄色の網かけ（　　　　　）で強調されているほうが、それぞれの「テーマ」が世界史分野と日本史分野のどちらに属しているかを表します。

4. 各「テーマ」の見開き左ページにおける用語と記述の表記は、以下のように使い分けられています。

    ＊各「テーマ」の見開き右ページにおける用語と記述の表記は、必ずしも見開き左ページと一致するとは限りません。

    > 赤：超重要用語
    > 青：重要用語
    > 緑：年代・年号
    > 　　　：重要記述

第 1 部

近代化と日本・世界

「産業革命以降、『近代化』が進展した」

　皆さんが学ぶ「歴史総合」は、このようなフレーズから始まります。決してなじみの薄い言葉ではないはずですが、「近代化」という言葉の意味を素朴に考えてみると、案外説明が難しいのではないでしょうか。

「近代化」とは、さまざまな革命が連鎖して中世が終焉を迎え、まさに現代につながるような社会の形成が進む、一連の変化のことをさします。

　近代化以前の世界には、神を中心とした世界観、すなわち中世封建社会が広がっていました。中世のヨーロッパでは、ローマ教皇や神聖ローマ帝国皇帝のように国家の枠組みを超越した存在がいて、各国はそうした存在に干渉を受け、自国のことを自由に決める権利がなかったのです。しかし、宗教改革や市民革命を経て、各国の主権は神➡国王➡市民へと移行していきました。これが、近代化の土台となっていったのです。

　続く革命の波は、イギリスから始まります。産業革命です。技術革新によって可能となった大量生産は、列強に海外市場拡大の動きをうながしました。主権国家同士が海外に自国の領土を主張して争うようになった事態を「帝国主義」といいます。こうした動きは、「世界の一体化」を著しく進展させることになります。

　以上のように、近代化とは社会制度や産業技術においてさまざまに変化が生じるという壮大な出来事です。そして、その波は「世界の一体化」に乗じてあらゆる地域を飲み込んでいきます。17 世紀以来、鎖国体制を築いて海外との交流を厳しく制限してきた日本も、突如として生き残りをかけた改革競争に巻き込まれていくのでした。

　近代世界はどのようにかじを切っていったのでしょうか。ここから、いっしょに確認していきましょう！

テーマ1 16世紀以前の東アジア

中国の王朝

古代の世界四大文明にも数えられる**中国文明**など、早い段階から文明が生まれた中国では、政治的統一がなされた平和な時代と、国家崩壊及び戦争の時代とが交互にくり返される傾向があります。動乱の時代には複数の王朝の併存や、時には北方の**遊牧民**の支配を経験することもありました。しかし、歴代王朝は古代中国に出現した最初の安定的な大帝国であった**漢**に由来する**漢民族**及びその文化を基本性質とし、**儒教**的な徳に基づく政治が行われました。また、安定期を迎え強勢を誇った王朝が、中央アジアまで領土を広げる大帝国を形成した時代もありました。

歴代の王朝は、皇帝が広大な領土を直接支配するために税制や軍事制度、**官僚制**（➡テーマ8）を発達させました。また、その官僚を選考する制度として、**6世紀末以降**には**科挙**が実施されることになります。このようにしてつくり上げられた**中央集権**体制は**20世紀初め**まで続きました。

儒教・儒学の発達

春秋・戦国時代（前8〜前3世紀）、**諸子百家**という思想家・学者集団の一人である**孔子**によって創始された儒教は、**仁**とよばれる人と人との相互信頼をベースに、**徳**に基づく政治のあり方を説きました。儒教（儒学）は漢の時代に官学化され、以降、皇帝の支配を正当化するための政治哲学へと発展していきます。宋の時代には、より体系だった学問である**朱子学**として大成し、中国のみならず日本・朝鮮・ベトナムなど、東アジア諸国で正当な学問としての地位を固めていきました。

朝貢体制と東アジア

漢民族は、「自国を世界の中心に据え、その周辺諸国を異民族として扱い、中華王朝は周辺の異民族に優越する」という**中華思想**を古代から持っていて、その影響は東アジアの周辺諸国に拡大していきます。

14世紀半ば、モンゴル人によって建国された**元**を北方に駆逐し、漢民族による中国支配を復活させた**明**は、周辺諸国と積極的に**朝貢関係**を結んでいきました。朝貢とは、周辺国の君主が中国の皇帝に対して貢ぎ物を捧げ、それに対し皇帝側が君主としての地位を認め**恩賜**を与えるという一連の儀式をさします。中国王朝に対して周辺諸国の君主が臣下として服従することで成立する、こうした外交関係や貿易体制のことを**朝貢体制**といいます。

このとき、臣下の礼をとった君主に対して王号や**爵位**を与え、その国の支配者として認めることを**冊封**とよびます。冊封された国は、圧倒的大国の中国との間に平和的な外交関係と経済的な貿易関係を結べる上に、その国の君主は中国の後ろ盾によって自らの支配力を強化することができます。こうしたメリットから、周辺諸国は積極的に朝貢体制を受け入れていきました。14世紀末に成立した**朝鮮王朝**や、南北朝を統一して日本での権力を確立した**室町幕府**、15世紀前半に統一政権を形成した**琉球王国**などは、明と朝貢関係を結んだ代表的な国です。

こうした朝貢体制によって、前近代の東アジアでは中国を頂点とする独自の国際秩序が形成されていきました。

1. 16世紀以前の 東アジア
～清朝以前の 日本と中国王朝の 関わり～

3 世紀	邪馬台国の卑弥呼が 魏に使節を派遣
4 世紀	大和政権 による統一が進む.
7～9世紀	遣隋使・遣唐使の派遣. 儒教や仏教などの 文化や律令などの 制度導入.
9世紀末	遣唐使を停止. 国風文化 が形成.
12世紀	鎌倉幕府成立. 以降, 武士の政権が続く 幕府時代に.
13世紀	元(モンゴル)の侵入を撃退.
14世紀	室町幕府の足利義満, 明と朝貢関係を結び 勘合貿易 を開始.
	明において 倭寇(日中混合の商人集団)による 海賊行為 が横行.
16世紀	ポルトガル人の日本来航. 南蛮貿易 が行われる.
	積極的に西欧技術を導入した織田信長が 室町幕府を滅ぼす.
	戦国時代の混乱を統一した豊臣秀吉が 朝鮮侵略を実施.
	明の援軍とも交戦.

勘合貿易!
合わせると文字が できるよ.

サムライはモンゴル人相手にも 名乗ってから攻撃したとか…?

我こそは～!!!

～朝鮮の歴史～

4～7世紀	北部の 高句麗、西南部の百済、東南部の 新羅の三国鼎立時代!
	唐の指揮下で 新羅が他2国を滅ぼし、日本とも 白村江の戦いで争う.
	676年に唐の勢力も排除し、新羅が 朝鮮半島を統一.
10～14世紀	新羅の支配が衰え、三国に分裂した混乱を 高麗が再統一.
	科挙を導入し、官僚制を整備.
	両班と呼ばれる貴族階級の形成. 仏教と儒教が独自に発展した.
	倭寇により衰退.
14世紀～	倭寇撃退に成功した李成桂が 朝鮮王朝を建国.
	明の永楽帝から冊封を受けて 朝鮮王朝として承認される.
	仏教にかわり儒教(朱子学)が 政治理念, 生活規範として受容される.
	その後、朝鮮王朝は日本に併合される1910年まで存続. (1897年に大韓帝国と改称)

16世紀以前の南アジア・東南アジア

前近代の南アジア

インド方面の地図を見てください。北は山脈、南は海に囲まれています。歴史的にこの地域には南アジアという一つの世界が形成されました。インドの歴史には、北方より峠を越えて侵入してきた民族が、**インダス川**の流れる**パンジャーブ地方**（インド北西部）に定住するというパターンが見られます。なお、インドのど真ん中には**デカン高原**がありますが、ここは交通の難所であり、北インドを支配した王朝は、ほとんどの場合、デカン高原より南にまで支配領域を広げることはありませんでした。

古代インド世界は、前15世紀頃に侵入してきた**アーリヤ人**によって形成されました。この時代にインド特有の身分制度（**ヴァルナ制**。後の**カースト制度**の原型）が形成されますが、その頂点は祭司階級（**バラモン**）でした。インドは自然条件が厳しく、自然への恐怖心が自然を司る祭司の権威を高めたのでしょう。

複数の国家の乱立を経て、前4世紀末に成立したのが**マウリヤ朝**です。この時代以降、**仏教**が国家統一のための手段として歴代の王朝に保護されますが、支配階級を中心に支持された結果、それ以外の階級、特に農民の支持を失っていきました。一方で、民衆の熱い支持を獲得したのがバラモン教と民間信仰とが融合して成立した**ヒンドゥー教**です。ちなみに テーマ1 の中国における**儒教**や テーマ4 のヨーロッパにおける**キリスト教**のように、古代〜前近代の国々では宗教を利用して統治を安定させるのが常套手段です！

10世紀頃から、インドはイスラーム教徒（ムスリム）の侵入をたびたび経験することになり、イスラーム化が進みました。13世紀には北インドに初のイスラーム政権が誕生し、南インドのヒンドゥー教世界とは異なる社会が形成されました。この頃の奴隷王朝〜ロディー朝までの5つのイスラーム王朝を総称して**デリー＝スルタン朝**とよびます。

16世紀には、**ティムール**の子孫である**バーブル**の勢力がインドに侵入し、ロディー朝を倒して**ムガル帝国**を建国します。ムガル帝国は勢力を強め、南インドにまで支配を拡大させることに成功しました。以降、19世紀にイギリスによって**植民地化**され滅亡を迎えるまで、ムガル帝国がインドを支配します。

前近代の東南アジア

東南アジア世界は、インドシナ半島を中心とする大陸部と現在のインドネシアやフィリピンなどを含む諸島部から構成され、地形や民族分布が複雑な地域です。高度に文明の発達したインドと中国という2つの文化圏にはさまれ、東南アジアの諸民族は、その両地域からさまざまな影響を受けつつ多様な文化を発展させていきました。

4〜5世紀頃になると、インドの影響が特に強まり、ヒンドゥー教や仏教、インド神話などが広く受け入れられ、仏教系やヒンドゥー教系の王国が各地に成立します。

13世紀頃からは、インドにまで勢力を拡大したムスリムによる活発な商業活動により、東南アジアでもイスラーム教の影響が強まります。

東南アジア地域一帯は、当時の貴重品である**香辛料**の一大産地であり、16世紀以降にはヨーロッパ人による東南アジアへの進出が活発になります。

2. 16世紀以前の南アジア・東南アジア

～ 南アジアの宗教 ～

バラモン教：『ヴェーダ』を聖典とする
祭祀を司るバラモンを頂点とするヴァルナ制という身分制を形成.
ヴァルナ制はインド独自の社会制度であるカースト制度の原型となった.

仏教：バラモン教の祭式やヴァルナ制などを否定して発展. ブッダ創り始.
輪廻転生からの解脱を説き、人々の救済を目指した.
{ 上座部仏教 … 個々人の救済. スリランカで発展し、東南アジアへ拡大.
{ 大乗仏教 … すべての人々を救済. 中国・朝鮮・日本など東アジアへ普及.

ジャイナ教：バラモン教の祭式やヴァルナ制、後のカースト制などを否定して発展.
ヴァルダマーナ創り始.

ヒンドゥー教：バラモン教の原理を継承した多神教.
カースト制度と結びつき、その輪廻からの解脱を目指した.

イスラーム教：聖典『コーラン』に基づく一神教.
16世紀のムガル帝国などヒンドゥー教とは異なる社会をインドに形成.

～ ムガル帝国の非ムスリム支配 ～

☆ 人頭税(ジズヤ) … ムスリムによる政権の支配下で
　　　　　　　非ムスリムが支払う人頭税.

ムスリムの支配
お金払えば許す!
非ムスリム
め～ん

仏教徒やヒンドゥー教徒はジズヤを支払うことで信仰を許された.

Q アクバル　ムガル帝国第3代皇帝. ジズヤを廃止して諸宗教の融和へ.
国家運営が安定し、全盛期を迎える.

平等

Q アウラングゼーブ　ムガル帝国第6代皇帝. ジズヤを復活して非ムスリムと対立.
諸勢力の離反を招き、弱体化
　　　→ 英仏の侵略が本格化.

ムガル
払いたくない!!

～ 東南アジアの交易 ～

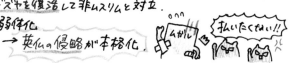

アジア域内貿易

中国商人を中心に
ベトナム、琉球王国、日本、
ムスリムなどが交易.
貿易の拠点として
マラッカ王国やアユタヤ王国
　　　　　　が繁栄.

アカプルコ貿易

スペイン商人がメキシコのアカプルコと
フィリピンのマニラを接続.
貿易は主にガレオン船を使用.

マニラを経由してメキシコ銀が
大量に中国に流入し、
　　　経済の変容を招いた.

東インド会社

アジアとの貿易のために
17世紀にヨーロッパ諸国が
設立した貿易会社.

特に
オランダ東インド会社は東南アジアの
香辛料貿易を独占した.

次第に植民地の行政や軍事も
司る統治機関を兼ねるようになった.

第0章
第1章
第2章
第3章
第4章
第5章
第6章
第7章
第8章
第9章
第10章

テーマ3 16世紀以前の西アジア

古代オリエント

西アジアの地図を見てください。西アジアとは、東はイラン高原、西はアナトリア高原、南はアラビア半島・エジプトに及ぶ地域全体をさします。歴史的にこの一帯は「太陽が昇るところ」を意味する**オリエント**とよばれ、**ナイル川**流域に勃興した**エジプト文明**や、**ティグリス川とユーフラテス川**流域の**メソポタミア文明**など、早い段階から文明が栄えました。

前3000年頃から都市文明が栄えたメソポタミアは**開放的地形**であったため、諸民族の侵入、国家の興亡がくり返されたのに対し、周囲を砂漠と海に囲まれた**閉鎖的地形**のエジプトでは、安定した社会が築かれたのが特徴です。また、両地域を結ぶ**シリア・パレスチナ地方**では、地中海方面・内陸方面との活発な交易が展開されました。

西アジア世界の宗教

西アジア世界では、もともと多くの神々を信仰する多神教信仰が一般的でした。そのようななかでパレスチナの**ヘブライ人（ユダヤ人）**は、モーセに率いられた**出エジプト**や、およそ50年にわたる**バビロン捕囚**といった民族的な苦難の末に、唯一神**ヤハウェ**を信仰する**ユダヤ教（ユダヤ人）**を生み出しました。

他にも、前6世紀に成立した**アケメネス朝**で信仰された**ゾロアスター教**を覚えておきましょう。この宗教は善の神と悪の神の対立を説き、**最後の審判**といった思想が特徴です。こうした発想は後にユダヤ教やキリスト教に強く影響を与えていくことになります。

そして1世紀には、**イエス**が満を持して登場！　イエスは**神の絶対愛**を説いて選民思想のユダヤ教と決別し、**キリスト教**を誕生させました。ちなみに、選民思想とは、ヘブライ人（ユダヤ人）が神から選ばれた民族で、他の民族を導く使命を持っているとする考え方です。

イスラーム教の成立

それからしばらくして、7世紀初めには、アラビア半島の商人だった**ムハンマド**が新たな一神教を誕生させました。これが**イスラーム教**です。ちなみにイスラームとは、アラビア語で「唯一神アッラーに絶対的に服従すること」を意味します。ムハンマドは自ら最後の**預言者**（予言者ではないので注意！）と宣言し、人々にさまざまな義務を説きました。

ムハンマドの死後、信者たちは**カリフ**（ムハンマドの後継者）の指導のもとに、当時オリエント一帯を支配していた**ササン朝ペルシア**を滅ぼし、**ビザンツ帝国**（➡テーマ4）からもエジプト・シリアを奪うことに成功します。以降、西アジア世界はイスラーム教徒とその勢力が支配的になります。

しかし、イスラーム教内にカリフの継承権をめぐって**スンナ派とシーア派**の対立が生じたため、アッバース朝以降、イスラーム世界は複数の王朝への分裂とその興亡を経験することになります。

また、そうしたなかでイスラーム教はアフリカや中央アジア、インドなどにも広がり、広大なイスラームネットワークを形成していきました。

イスラーム教の特色については、右ページで確認してください。

3. 16世紀以前の西アジア

～ 古代オリエントを統一した国家 ～

アッシリア
過酷な統治
強制移住政策や
重税を課した

アケメネス朝
寛容な統治
諸民族の制度や
風習を尊重

反対!!?

～ イラン文明 ～

- セレウコス朝シリア：アレクサンドロスの死（前323）によって**帝国分裂**→アジア部分を支配
- パルティア：イラン系遊牧民がセレウコス朝シリアから自立（前248頃）
- ササン朝ペルシア：イラン系農耕民がパルティアから自立（前224）
  ゾロアスター教 **国教化**.

～ イスラーム教の成立 ～

610頃… **預言者**ムハンマドがイスラーム教を創り始め
622 … ヒジュラ（聖遷）によってメッカからメディナに移住.
630 … メッカ占領→ウンマ（イスラーム共同体）建設

632～ 正統カリフ時代（ムハンマドの後継者を選挙で選出した時代.）
661 … ・聖典『コーラン』完成
    ・アリー暗殺 → アリー支持者はシーア派を形成
    （←→ スンナ派）

テーマ4!!

★ イスラーム教の特色 ★

① **厳格な一神教** － 崇拝対象の神はユダヤ教・キリスト教と同様
    － しかし、預言者（ムハンマド）は信仰の対象とならない.

② **偶像崇拝の否定** → アッラーの像やムハンマドの肖像は
    絶対に作られることはない.

③ **政教一致** → 宗教的指導者カリフが同時に政治上の権力者となる.

④ **『コーラン』の遵守** → 六信五行の実践!
    イスラーム法に沿った社会生活を送る.

頻度 ★★★★☆ | 世界史 | 日本史

テーマ4 16世紀以前のヨーロッパ

古代ギリシアと古代ローマ

地中海の東部を中心に展開された古代地中海世界の歴史は、のちのヨーロッパ世界形成にも直結するため重要です。この地域で最も古い文明は、前3000年頃から栄えた**エーゲ文明**で、専制的なオリエント文明（➡テーマ3）の影響を受けていました。しかしその後、**ギリシア人**たちは次第に対等な市民関係に基づく**ポリス**という共同体を生み出していきます。たくさん存在したポリスのなかでも特に有名な**アテネ**では、世界初となる**民主政治**が行われました。

そして前7世紀、イタリア半島の**都市国家**からスタートし、ついには地中海世界全体を統一したのが**ローマ帝国**です。基本的にギリシア人の伝統を引き継ぎつつ、急速に勢力を拡大したローマ帝国には、紀元後1世紀に**キリスト教**が伝来します。これに対して帝国は初めこそ弾圧を加えたものの、4世紀末にはローマ帝国の国教となりました。

西ヨーロッパ世界

やがて4世紀からローマ帝国領内への**ゲルマン人**の移動が始まります。こうした混乱のなかで広大なローマ帝国は**東西に分裂**してしまいます。また、7世紀頃にはイスラーム教徒の進出も始まり、古代地中海世界は、西ヨーロッパ世界、東ヨーロッパ世界、イスラーム世界へと分かれ、それぞれの展開を迎えます。しかし、その後も、キリスト教はヨーロッパ世界に大きな影響を残し続けることになります。

東西に分裂したローマ帝国のうち、寿命が短かったのが**西ローマ帝国**です。5世紀後半にこの帝国が滅亡すると、西ヨーロッパ世界ではゲルマン人の国家が乱立しました。いくつも存在したゲルマン人国家のうち、最強国となったのが**フランク王国**です。この国に接近したキリスト教**カトリック教会**は、フランク王に皇帝権を認め、東の**ビザンツ帝国**と**ギリシア正教会**に対抗しました。8世紀以降になると、カトリック教会はギリシア正教会との対立を深めていき、11世紀半ばにキリスト教世界の東西分裂が決定的になりました（東西教会の相互破門）。

その後フランク王の皇帝権が衰えていきますが、そうしたなか、カトリック教会は10世紀半ばに**東フランク王国**の王に皇帝権を認めました。これが**神聖ローマ帝国**の起源です。

11〜13世紀にかけてカトリック教会の権威は絶頂期を迎えますが、11世紀末以降に始まっていたイスラーム世界への領土拡大運動である**十字軍**の失敗を機に、教皇権は急速に衰退していきました。

東ヨーロッパ世界

ゲルマン人の移動の影響が少なかった**東ローマ帝国（ビザンツ帝国）**は、15世紀まで存在し続けます。そして、北方や東方から移動してきた**スラヴ人**や**ブルガール人**らとともに東ヨーロッパ世界を形成しました。7世紀頃からビザンツ帝国はイスラーム勢力との抗争の時代に入ります。そして14世紀を迎える頃にはバルカン半島が**オスマン帝国**の支配下に置かれ始めました。そしてついに15世紀半ばには、ビザンツ帝国がオスマン帝国により滅ぼされてしまうのでした。以後ロシアの**モスクワ大公国**が、ビザンツ帝国の要素を吸収して、ローマ帝国の後継者を自任していきます。

4. 16世紀以前のヨーロッパ

～ キリスト教の特徴 ～

成立：1世紀
創始者：**イエス**
神の名：唯一神（父なる神、子なる**イエス**、聖霊 → 三位一体説）
経典：『旧約聖書』『新約聖書』
　　　イエスを救世主とし、使徒らにより伝道.

～ ローマ帝国によるキリスト教の受容 ～

① キリスト教公認

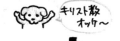
キリスト教
オッケ～

313年 コンスタンティヌス帝による.
ニケーア公会議以降、キリスト教の異端は排除.
ただし、伝統的な多神教信仰は継続.

② キリスト教国教化

キリスト教以外は
認めない!!!

392年 テオドシウス帝による.
すべての異端・異教信仰の禁止.
以後、伝統的な多神教信仰も禁止.

～ キリスト教の主な宗派 ～

カトリック

ヴァチカンの ローマ教皇を最高指導者 として、各地に司教を配置.
ヨーロッパやラテンアメリカを中心に拡大.

プロテスタント

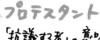
「抗議する者」の意味.
ローマ教皇の権威を否定して成立.
カトリック教会から分離した ルター派、カルヴァン派の 総称.
北西ヨーロッパを中心に北アメリカやオーストラリアに拡大.

ギリシア正教

ローマ帝国の東西分裂後、東ローマ帝国 （ビザンツ帝国）により保護・発展.
カトリックと対立し、独自に発展.
ビザンツ帝国を継承したロシアを中心に、東欧などに拡大.

～ 中世ヨーロッパの封建社会 ～

封建制度

古代ゲルマン人の「従士制」と 古代ローマの「恩貸地制」が結びついたもの.
主君が家臣（諸侯・騎士）に軍役や貢納 の義務を課すかわりに封土を与える.

荘園制

領主直営地、農民保有地、共同利用地などからなる農村.
封土の形成要素
農奴は領主の支配のもと、賦役と貢納の各種納税の 義務を負った.
荘園の統治に教会が貢献し、カトリック教会の権威を 補強した.

第0章
第1章
第2章
第3章
第4章
第5章
第6章
第7章
第8章
第9章
第10章

テーマ5 16〜18世紀の西アジア・南アジア・東南アジア

イスラーム帝国の盛衰

中世のヨーロッパでキリスト教世界が発展する一方、西アジア・南アジア地域では広大なイスラームネットワークが形成されていました。さまざまな政権が興亡を繰り広げたのち、16世紀以降、西アジアでは**オスマン帝国**（➡ テーマ4）と**サファヴィー朝**、南アジアでは**ムガル帝国**が繁栄期を迎えました。

小アジア（現在のトルコ周辺）で成立しヨーロッパ方面に勢力を拡大していったオスマン帝国は、征服地の異教徒たちに帝国への貢納を義務づける代わりに信仰の自由を認めて自治を容認しました。そうして**イスラーム教徒**以外の、**キリスト教徒**、**ユダヤ教徒**との共存を図りつつ、16世紀半ばの**スレイマン1世**の時代には、ハンガリーを征服して**神聖ローマ帝国**に圧力をかける一方で北アフリカにも勢力を拡大し、帝国は最大領域を達成します。その後地中海の制海権を握ると、同盟を結んだフランスなどに**領事裁判権や免税**などの特権（**カピチュレーション**）を与え、ヨーロッパとの交易もさかんになっていきました。しかし、1683年の第2次ウィーン包囲失敗以降は少しずつ衰退し始めます。

ティムール朝衰退後の**イラン**では、イスラーム教の**シーア派**を国教とするサファヴィー朝が成立し、西のオスマン帝国と抗争しながら領域を拡大していました。サファヴィー朝は、ペルシア湾を確保して交易路をおさえると、官僚制などを整えつつ交易路の整備や商業の発展に努めて、国際商業を活性化させました。首都の**イスファハーン**には生糸や絹織物を求めて人々がつどい、「**イスファハーンは世界の半分**」と称される繁栄を迎えます。しかし、その後サファヴィー朝では政治的な混乱が起き、イラン一帯には**ガージャール朝**などが興っていきました。

インド（南アジア）で成立したムガル帝国は、イスラーム教徒と**ヒンドゥー教徒**をいかに融和するかという課題にぶつかりました。そこで、第3代皇帝**アクバル**は、非ムスリムに課せられていた**人頭税（ジズヤ）の廃止**という融和政策を図りつつ、**中央集権体制**を構築していきました。

また、寒暖に対して柔軟に対応できる**インド産綿布**はヨーロッパで大人気の交易品であったため、ポルトガル・オランダ・イギリス・フランスなどがインド各地に拠点を築き、インドとの貿易を活発化させました。帝国は、17世紀後半、**アウラングゼーブ**の時代に最大版図を築き上げますが、熱心なイスラーム教徒であったアウラングゼーブは**人頭税の復活**やヒンドゥー教寺院の破壊を実施し、帝国の分裂を招きました。以降、その混乱を利用したイギリスの介入により、ムガル帝国の**植民地化**が進みます。

交易の中継地としての東南アジア

東南アジアは、**香辛料**などの物産を求めてヨーロッパ諸国が進出したことで、16世紀以降には東アジアとヨーロッパを結ぶ**中継貿易**の拠点となりました。とくに、**オランダ東インド会社**はイギリスなどの勢力を排除して**モルッカ（マルク・香料）諸島**の香辛料を独占し、日本も含むアジア各地に**商館**を設置して莫大な利益を獲得します。また、スペインは**フィリピンのマニラ**に拠点を置き、アメリカ大陸と中国との間の中継貿易で大きな利潤をあげることに成功します。その結果、中国に大量流入した**メキシコ銀（スペイン銀）**が中国の経済に大きな影響を与えていきました。

第0章
第1章
第2章
第3章
第4章
第5章
第6章
第7章
第8章
第9章
第10章

5. 16~18世紀の西アジア・南アジア・東南アジア

～イスラーム教の宗派～

スンナ派	シーア派
アリー暗殺後、後継者は話し合いによって決定することを主張した人々。イスラーム教全体の85~90%。事実上の正統派。	アリーの後継者は、ムハンマドと血縁のあるアリーの子孫がなるべきと主張。イスラーム教全体の10%。2番目の勢力。

アリーの子孫以外もOK
スンナ

アリーの子孫じゃなきゃダメ
シーア

～サファヴィー朝～

建国：イスマーイール1世（シャー自称）
首都：タブリーズ
イラン系 シーア派
アッバース1世(5代)＝最盛期。イスファハーンに遷都。
アフガン人の首都占拠を受け 1736年に滅亡。

～ムガル帝国～

建国：バーブル。ロディー朝(デリー＝スルタン朝)征服。
・アクバル：首都をデリーからアグラへ。ジズヤ廃止。
・シャー＝ジャハーン：アグラにタージ＝マハル建立。
・アウラングゼーブ：ジズヤ復活。

～オランダ・イギリス・フランスのアジア進出～

オランダ
・1602 東インド会社設立
・1609&41 平戸&長崎に商館を設置
・1619 ジャワ島に拠点、バタヴィア建設
・1623 アンボイナ事件
・1624~61 台湾を占領

イギリス
・1600 東インド会社設立。
・1623 アンボイナ事件
・インド経営の拠点。
 → マドラス、ボンベイ、カルカッタ

フランス
・1604 東インド会社設立→経営不振。
・1664 財務総監コルベールの東インド会社再建
・インド経営の拠点。
 → ポンディシェリ、シャンデルナゴル

地図

黒海

サファヴィー朝

アラビア海

ムガル帝国

シャンデルナゴル
カルカッタ
ボンベイ
マドラス
ポンディシェリ

テーマ 6 16〜18世紀の東アジア

清の成立と東アジア

東アジアに巨大な国際秩序である朝貢体制を構築した明でしたが、17世紀頃には長引くモンゴル人勢力との戦争で弱体化しており、農民反乱によって滅亡してしまいました。1644年には、満洲人が建国した清が中国本土を占領し、北京を首都として大帝国を築くことになります。

清は、中国を支配するにあたって、その伝統的な華夷思想による明代の朝貢体制を継承しました。しかし、清は朝貢関係や儀礼的な部分はさほど重要視せず、商人同士の互市貿易（正式な朝貢貿易とは別の民間貿易）を承認し、貿易関係の側面を強めていきました。その結果、清代の経済の自由度は飛躍的に高まり、中国の商人による貿易やヨーロッパ船の来航によって大いににぎわいました。中国産の茶や生糸を輸出する代わりに、中国内には大量の銀がもたらされ、国内商業の発展を支えていきます。

同時期の日本は江戸幕府が統治をしている時代で、いわゆる鎖国体制にありましたが、中国はオランダと並んで日本と貿易が継続した国の一つで、生糸などの対価として、日本からも銀や金が大量に輸入されました。

こうして18世紀には、中国王朝としての最大領土の獲得や、経済の発展、政治的な安定による全盛期を迎えることとなり、人口も急増していきます。

清の統治

積極的な対外政策を重ねた結果、清は、内部に複数の民族が存在し、その頂点に清の皇帝が君臨するという多民族国家の様相を呈していました。ただし、各民族に固有の支配制度を大きく変えることはしませんでした。たとえば、清の皇帝は、チベットではチベット仏教の保護者として、中国本土では儒教を基礎とする「中華帝国の皇帝」として君臨するなど、複数の役割を兼ねていたのです。

また清は、統治の方法としてモンゴル人や漢人などの自民族以外の民族を積極的に政治に登用する方針をとったほか、満洲人の直轄地以外のモンゴル・青海・チベット・新疆（東トルキスタン）では藩部として在来の支配者による自治を認め、彼らを介して統治を実施しました。また、帝国人口の大半を占める漢人（漢民族）が住む中国本土では、中央集権的な官僚制や、官僚登用試験である科挙といった伝統的な漢人の中華王朝の制度をそのまま引き継いでいきました。

もっとも、清は各民族に完全な自由を与えたわけではありません。服従を証明させるため漢人男性に対して辮髪を強制したり、清に反発する言論を弾圧したりするなど、抑圧策も同時に実施しました。こうした「アメ」と「ムチ」の使い分けによって、複合的な多民族国家である清は広大な領地を統合することに成功し、大帝国になっていったのです。

国内統治の安定と、大航海時代（→テーマ9）以来のヨーロッパとの対外貿易にもとづく商業発展によって大いなる繁栄を享受した清でしたが、その裏では、政治腐敗、および急激な人口増と無理な開墾による社会不安が広がっていきました。18世紀末には四川を中心に白蓮教徒の乱という大規模な反乱が勃発し、清は衰退期に突入していきます。

6. 16～18世紀の 東アジア

～清の領土～

〜〜〜 … 直轄地
〜〜〜 … 藩部
〜〜〜 … 朝貢国

満洲
新疆
モンゴル
朝鮮
チベット　青海
中国本土
ネパール
ビルマ
ムガル帝国
タイ　ベトナム
琉球
台湾

```
― 清の領土 ―
・直轄地：満洲、台湾、中国本土
・藩部　：満洲を除くモンゴル、新疆、
　　　　　　　　　　チベット、青海地方.
・朝貢国：朝鮮、琉球、ビルマ、タイ、
　　　　　　　　ベトナム、ネパールなど.
```

～ 清の統治 ～

```
寛容策(アメ)　・六部・科挙 など、明時代の機関を継承　　　　　　　平等！
　　　　　　・満漢併用制 … 重要な官職に満洲人と漢人を同数任命.
　　　　　　・大編纂事業 … 中国文化の尊重.
```

```
威圧策(ムチ)　・辮髪の強制 … 満洲人の伝統的な髪型を漢人に強制.
　　　　　　・文字の獄　 … 言論や思想弾圧、反清的な書物を弾圧.
　　　　　　・禁書　　　 … 思想統制のため、特定の書物を禁止.
```

テーマ 7 江戸時代の日本

幕藩体制とは

幕藩体制とは、徳川家康が開いた江戸幕府の米などを年貢とする石高制を基礎とする幕府（将軍）と藩（大名）の主従関係による封建的主従関係のことであり、武士を頂点に百姓を中心とする領民を支配しました。

　具体的には、幕府は大名に対して石高に応じた人数をともなう参勤交代をさせたり、普請とよばれる工事などをさせ、大名は石高に応じて領民から年貢を徴収しました。

江戸幕府の対外関係

鎖国とは、決められた国や地域との対外関係のみが行われ、それも厳しく管理・統制されていた状態のことをいい、決してどこの国とも関係がなかったわけではありません。当時、「四つの窓口」といって、幕府の長崎がオランダと中国の、対馬藩が朝鮮の、薩摩藩が琉球王国の、松前藩が蝦夷ヶ島とよばれた北海道のアイヌの窓口として交易などを担っていました。

　キリスト教徒らによる一揆である島原・天草一揆が起きると、幕府はポルトガル船の来航を禁止して、オランダ商館を長崎の出島に移して長崎奉行の監視下に置き、唯一の開港地とされた長崎にオランダと中国の船の来航を許可したのです。ちなみに、オランダ商館長は毎年のように江戸に出向き、将軍にあいさつして、さらにオランダ風説書という報告書を提出させられました。

　対馬藩の宗氏は、江戸幕府により朝鮮との外交・貿易の独占的立場を認められ、朝鮮との間に己酉約条を結んで、貿易の方法や取引施設として釜山に倭館を設置することなどを取り決めました。以後、朝鮮から将軍交代ごとに朝鮮通信使が派遣されることになります。ちなみに、朝鮮通信使に関する記録は2017年に「世界の記憶」に登録されています。

　琉球王国は、薩摩藩の島津氏により武力侵攻を受け、薩摩藩の支配下に入る一方、中国との朝貢貿易も継続させる両属体制という形をとりました。なぜ薩摩藩が琉球王国を支配下に置いたかというと、琉球が中国から入手した中国の産物を奪いとるためでした。琉球からは国王交代ごとに謝恩使が、将軍交代ごとに慶賀使が派遣されることとなります。

　松前藩は、徳川家康からアイヌとの交易の独占権を認められました。はじめは商場知行制といってアイヌとの交易地を家臣に与えていましたが、18世紀になると、場所請負制といって商人にアイヌとの交易を請け負わせる一方、税金を上納させるようになりました。

江戸時代の経済

江戸・大坂・京都を三都といい、江戸は「将軍のお膝元」とよばれる政治都市、大坂は「天下の台所」とよばれる経済都市、京都は寺社や西陣織に代表される文化工芸の都市として栄えました。

　特に大坂や江戸には、諸大名が蔵屋敷を置いて年貢米などを輸送し、換金しました。当時は石高制に基づき、コメで年貢を納めるのが基本であったため、幕府も大名も生活のために換金が必要だったのです。さらに、大坂や江戸を結ぶ交通路が整備されて交通や通信網が発達しました。

7. 江戸時代の日本

～大名と軍役～

大名 : 将軍直属で1万石以上の知行地を認められた武士

軍役 : 大名は与えられた知行地の石高に応じて軍勢を出す義務.

☆ 参勤交代… 石高に応じて国元と江戸を1年交代で往復.

☆ 普請… 石高に応じて江戸城の修築や河川などの土木工事を負担.

～鎖国の過程～

1623　イギリスが平戸の　館閉鎖

1624　スペイン船の来航禁止

1635　日本人の海外渡航と帰国の全面禁止

1637　島原・天草一揆

1639　ポルトガル船の来航禁止

1641　オランダ商館を平戸から長崎の出島に移す.

～ 三都 ～

	EDO 江戸	OSAKA 大坂	KYOTO 京都
特徴	大名の藩邸がある	大名の蔵屋敷が多い	寺院・神社が多い
物資	消費地	集積地	×
貨幣	金貨	銀貨	銀貨
管轄	町奉行	大坂城代・町奉行	京都所司代・町奉行
特産品	海苔	綿花・菜種	西陣織・京焼

～海上交通～

南海路 : 大坂～江戸間の航路. 菱垣廻船と樽廻船が就航. 樽廻船が後に主流となる.

河村瑞賢 : 東廻り航路 (海運)・西廻り航路 (海運) を整備

◎ 東廻り航路 (海運) … 東北の日本海側から津軽海峡経由で江戸に至る.

◎ 西廻り航路 (海運) … 出羽酒田から下関経由で大坂に至る.

～商業の発達～

蔵屋敷　→　蔵物 (米など) 販売のための倉庫兼取引所

蔵元　→　大名の蔵物の売却を行った商人

掛屋　→　蔵米の売却代金の保管を行った商人

納屋物　→　蔵物に対して, 蔵に入らず直接産地から集められた商品

第0章
第1章
第2章
第3章
第4章
第5章
第6章
第7章
第8章
第9章
第10章

テーマ8 ヨーロッパ主権国家体制

主権国家体制の形成

土地を媒介した身分制及び領主制（りょうしゅせい）による封建制（ほうけんせい）に基づく秩序体制や、キリスト教が普遍的な権威であった（➡テーマ4）中世の時代には、国王といえども教皇に逆らうことはできませんでした。そして諸侯（しょこう）（大貴族）が力を持っていた時期は、国王といえども国内すべてを従えることはできませんでした。

しかし、宗教改革などによる教皇権（きょうこうけん）の失墜、軍費による財政圧迫と商業の発展にともなう封建制の動揺や諸侯の没落によって、国王の力が高まります。王権の伸長した国王は、ようやく自国のことを自分で決定できるようになったのです。

王権が伸長したことで主権国家が誕生しました。主権とは国の方針を決める最高権力であり、他国に干渉されない独立性を持つ権利です。この主権を持つ国が主権国家とよばれます。つまり、自国の方針を自国が決定できる国家が主権国家です。

ところが、国王の権力がいくら強いといっても、個人の力には限界があり、厳密には国王1人で国のすべてを決定することは困難でした。そこで、国王の政治を補佐するための官僚制が整備されることになります。官僚は主に貴族で構成され、国王の政治をサポートしました。中央集権化のために国王の手足となる役人が必要だったのです。

また、絶対主義の時代には常備軍が設置されるようになりました。従来の戦争は兵士の多くが雇われた軍人である傭兵（ようへい）であり、戦争がないときには軍隊は解散されているのが普通でした。それに対し、絶対王政期には軍隊が常に設置されていたということです。常備軍によって、国王はこれまで以上に自由に戦争が可能となったのです。

近代の幕開け

政治的に見ると、この時期のヨーロッパでは、弱小国家が消滅する一方で、生き残った国々は次第に主権国家として成長していきました。そうして成立した主権国家同士が肩を並べ、競い合う新しい国際関係が形成されていく時代だったと言えます。

さらに、思想面では宗教改革が起こりキリスト教が旧教（カトリック）と新教（プロテスタント）とに分裂したのもこの頃です。中世において「普遍的」な権力だった教皇権も弱まる一方です。そうしたなかで自然科学が発達していき、近代以降の合理的な思想が芽生えていったのです。

これらの変化を経て、18世紀末以降のヨーロッパ諸国及びアメリカ合衆国は市民革命を達成して国民国家を築き、産業革命（➡テーマ10）による工業化を開始します。さらに後進地域へも進出し、本格的な近代化を進めていくことになります。こうして誕生した新しい国際秩序を主権国家体制とよび、国際政治や国家間の戦争におけるルールを取り決めたものが国際法です。

8. ヨーロッパ主権国家体制

～プロテスタント諸派～

ルター派

福音主義
信仰義認説 } を掲げ
万人司祭主義

教皇権力を否定.

カルヴァン派

教皇権力を否定し、長老主義を主張
聖書主義、福音主義に加え、
予定説を提唱.

イギリス国教会 … ヘンリ8世 及び エリザベス1世 の制定した 首長法 によって成立.
イギリス国王が教会の首長を兼任、ローマ教会から分離独立.

～ 主権国家の特徴 ～

主権	他国に干渉されることなく、国の方針を決める最高権力.
官僚制	国王の統治を補佐する役人集団体制. 中央集権化の基盤.
常備軍	平時から常置されている軍隊. 国王の任意のタイミングで戦争が可能に.
重商主義	国家財政を富ませる政策. 海外植民地から金・銀を奪取する重金主義や貿易差額主義など.
工場制手工業	資本家が工場を建てて労働者を集め生産を行う制度. 別名 マニュファクチュア.

～ 絶対王政の特徴 ～

パワー・！

神から権力を
授かったのだ！！

国王サマ～

- 絶対王政
  主権が国王にある状態の国家.

- 王権神授説
  王権はキリスト教における創造神によって
  授けられたとする考え方.
  中世封建社会から近代市民社会への過渡期を
  象徴する考え方.

テーマ 9 ヨーロッパ人の対外進出

大航海時代

15世紀頃から、ヨーロッパの人々が積極的に航海にくり出し、海外進出を図った時代を**大航海時代**といいます。彼らはなぜ海に出ようとしたのでしょうか？　その最大の要因は**胡椒**などの**香辛料**です。ヨーロッパの食事は肉食がメインですが、肉を保存したり味を変えたりすることもできる香辛料は大変貴重な存在で、銀と取引されるほどの貴重品でした。ところが、香辛料の原料となる植物はヨーロッパの気候では育成することができません。そのため、香辛料の主要な入手経路はアジアからの輸入に頼る必要がありました。

15世紀に**オスマン帝国**が東地中海を勢力下に置き（➡ テーマ5）、東西の交易を牛耳ったことで、ヨーロッパ諸国はインドなどのアジア諸国と直接貿易したいという思いを強くしていきました。同時に**マルコ＝ポーロ**の『**世界の記述**』に見られる「**黄金の国**」ジパングなどの記述は、ヨーロッパ人のアジアへの好奇心をかき立てただけでなく、キリスト教をアジアへ布教しようという熱意も高まっていったのです。

こういった背景のもと、イベリア半島のイスラーム勢力を一掃したキリスト教国家の**スペイン**と**ポルトガル**が、いち早く大西洋へとこぎ出していくことになります。これに**イギリス・フランス・オランダ**が続きました。

「世界の一体化」

航路開拓が進むなか、**アメリカ大陸**が偶然発見されました。中南米では、スペイン人による文明の破壊や略奪など征服活動が進みました。彼らはアメリカの先住民を酷使して**メキシコ銀**の採掘を進め、ヨーロッパに大量に銀を持ち込みます。

また、スペイン以外のヨーロッパ諸国もアメリカへの入植を進め、輸出用の商品作物を栽培する**プランテーション**（大農園・大農場制）を開始しました。彼らによる酷使に耐えられず、先住民の多くが命を落とすと、さらなる労働力の確保のためアフリカからアメリカに**黒人奴隷**が導入されました。

ここに、ヨーロッパの交易品と引き換えにアフリカで買い上げられた黒人奴隷がアメリカへ労働力として運ばれ、そこで生産された作物や銀がヨーロッパに流入するという**大西洋三角貿易**が形成されます。

一方、アジアでは**ポルトガル**が先行してインドや東南アジアの各地に貿易の拠点を構築していき、1543年には日本の**種子島**に来航し、日本に初めて**鉄砲**をもたらしました。1550年には長崎県の**平戸**にも到達しています。

以降、多くのヨーロッパ諸国がアジア各地に拠点を形成していき、すでに形成されていたアジアの交易ネットワークに参入、あるいはとって代わる形で利潤をあげていきました。この時期の主な交易品は、香辛料に加えて**茶・陶磁器・綿織物・絹**など多岐にわたり、ヨーロッパ諸国は、交易の支払いに**新大陸（アメリカ）の銀**を使用したため、結果としてアジアに大量の銀が流入しました。

このように、大航海時代にヨーロッパ諸国がアジアや新大陸へ進出したことで、ヨーロッパ・アジア・アメリカの経済活動が地球規模で接続される「**世界の一体化**」が進展しました。ヨーロッパとアジア、そして大西洋地域の結びつきは、それぞれの社会に大きな変化をもたらすことになるのです。

9. ヨーロッパ人の対外進出

〜大航海時代到来の要因〜

ヨーロッパにおける アジア知識の拡大（マルコ=ポーロらの影響）
羅針盤・快速帆船など、遠洋航海術の発達
ヨーロッパでの肉食の普及にともなう香辛料の需要の増大。
レコンキスタが進行して、キリスト教布教熱が高まっていた。
オスマン帝国による東方貿易の阻害により、新航路開拓の必要性が発生。

〜ポルトガルの対外進出〜

- インド航路開拓　1445　エンリケ航海王子　ヴェルデ岬まで進出。
　　　　　　　　　1488　バルトロメウ=ディアス …アフリカ南端の喜望峰に到達
　　　　　　　　　1498　ヴァスコ=ダ=ガマ …インドのカリカットに到達
- ブラジル領有　　1500　カブラル …インドへ向かう途中遭難。ブラジルに漂着。
- アジア進出　　　1505　セイロン島（スリランカ）占領 …マムルーク朝と激突。
　　　　　　　　　1510　ゴア占領　　　　1511　マラッカ王国占領
　　　　　　　　　1512　モルッカ諸島（香料諸島）到達。
　　　　　　　　　1557　マカオ居住権取得。1543　種子島に漂着。1550 平戸、1571 長崎へ進出。

〜アメリカ大陸への進出〜

1492　　コロンブスの探検 …スペイン女王 イサベルの援助。
　　　　→ 西インド諸島のサンサルバドル島に上陸。
1499〜　トルデシリャス条約 …植民地分界線の制定。
1454〜1512　アメリゴ=ヴェスプッチ …コロンブスが到達した土地がアジアでないことを確認 →「アメリカ」
1521　　マゼランがフィリピンに到達するも、戦死 →部下が世界周航を達成。

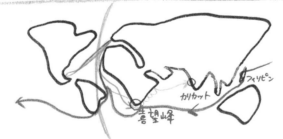

― バルトロメウ=ディアス
― ヴァスコ=ダ=ガマ
― コロンブス
― マゼラン

― トルデシリャス条約。

フィリピン
カリカット
喜望峰

〜ヨーロッパ世界の変容〜

商業革命
ヨーロッパ商業の中心地が地中海から
大西洋沿岸地域に移動。
東方貿易やバルト海交易、その中継貿易で繁栄した
地域の地位低下。
アメリカ大陸向けの黒人奴隷貿易が急激に拡大。

価格革命
ポトシ銀山から大量の銀がヨーロッパに流入。
ヨーロッパで銀貨の暴落と物価の高騰が発生。
商業が活発化し市民階級が成長。
定額の貨幣地代に依存していた封建領主が没落。
封建社会が崩壊。

第0章
第1章
第2章
第3章
第4章
第5章
第6章
第7章
第8章
第9章
第10章

頻度 ★★★★★ 　世界史　日本史

テーマ10 イギリス産業革命

産業革命とは

産業革命とは、人類が機械を使って製品を生産するようになったことや、それにより生じた社会の大きな変化のことをさします。

テーマ8やテーマ9で学習したような従来のヨーロッパ（16〜18世紀）では、製品を生産する方法といったら**マニュファクチュア（工場制手工業）**が中心でした。これは「manu（手）で facture（製造）」するという意味。作業場（工場）に労働者を集め、分業と協業によって製品の手作りをさせるやり方のことです。

ところが、あるときから、その工場に機械が導入されます。すると、生産様式は**工場制機械工業**へとレベルアップ。この段階からが産業革命です。マニュファクチュアではないので、注意しましょう。

イギリス産業革命の背景

産業革命を世界で最初に達成したのは**イギリス**です。18世紀後半のことでした。なぜイギリスからなのか？　これにはたくさん理由がありますが、まずは主要なものをしっかりおさえましょう。

第一に、富の蓄積があった。**大西洋三角貿易**って覚えていますか？　テーマ9に出てきましたよね。イギリスはあの貿易で莫大な利益をあげていて、それが産業革命を推進する財源になったといわれています。

第二に、広大な市場があった。仮に生産技術が向上しても、売る場所がなかったら意味がありません。その点、イギリスはライバルであるフランスとの戦争にも勝ち、**植民地**（＝製品市場）をたくさん保有していたことが功を奏しました。

第三に、国内における綿織物の需要の高まりがあった。**大航海時代**（➡テーマ9）以降、イギリスにはインド産の**綿織物（キャラコ）**が入ってきて、これが大人気になりました。しかし、イギリスといえば従来は**毛織物業**が中心。毛織物業者は激怒し、なんとキャラコは輸入禁止に！　こうした状況のなか、「輸入できないなら、自分たちでつくっちゃえばいいじゃん！」という発想のもと、国内での綿織物生産機械化の動きがさかんになっていきます。産業革命の開始です。

産業革命の影響

産業革命の影響は、多方面に及びました。この時代、従来の人力・水力から石炭を使用した**蒸気機関**への転換が進み、生産力は急上昇しました。これを**エネルギー革命**とよびます。こうして、イギリスが**「世界の工場」**の地位を獲得すると、それに対抗した西欧諸国やアメリカ北部でも工業の機械化（**工業化**）が進展しました。また、蒸気機関は**蒸気船**や**蒸気機関車**の発明にもつながり、**交通革命**が起こります。これはテーマ9でも扱った**「世界の一体化」**の加速を招きました。

しかしその一方で、女性・子どもの低賃金労働や長時間労働などの**労働問題**も発生しました。**資本家**（工場経営者）と**賃金労働者**との対立構図も生まれ、一部の手工業者は**機械うちこわし運動**を展開しました。こうしたなかで資本主義への対抗理論として登場したのが**社会主義思想**です。

10. イギリス産業革命

生産様式の変化

16〜18世紀：マニュファクチュア(工場制手工業)…工場に集まった労働者が手作業で生産

18世紀後半：工場制機械工業…工場に集まった労働者が機械を使って生産

マニュ＝手！

イギリス産業革命の背景

富の蓄積 $
大西洋三角貿易
↓
産業革命を推進する財源

広大な市場
七年戦争(1756〜63)に勝利！
↓
北米・インドに植民地を確保

綿織物需要
インド産の綿織物(キャラコ)の輸入禁止(1700)への対処

その他
豊富な資源(鉄鉱石、石炭)
・
機械工学の伝統

●綿工業の機械化

1733 → ジョン＝ケイが飛び杼を発明
1764 → ハーグリーヴズが多軸(ジェニー)紡績機を発明
1768 → アークライトが水力紡績機を発明
1779 → クロンプトンがミュール紡績機を発明
1785 → カートライトが力織機を発明
1793 → ホイットニーが綿繰り機を発明

ジョン＝ケイ

アメリカ人なので注意！

●鉄工業

1709 → ダービー父子がコークス製鉄法を発明

覚えやすいかも！？

力織機 → **力**ートライト
水力紡績機 → **水**クア aqua
→ **ア**ークライト

●交通革命

1712 → ニューコメンが蒸気機関を実用化
1769 → ワットが蒸気機関を改良
1807 → フルトン(米)が蒸気船を発明
1814 → スティーヴンソンが蒸気機関車を開発

産業革命の影響

資本主義の確立　資本主義…資本家が利潤を追求する経済体制
資本家(工場経営者)と賃金労働者の対立
労働問題の発生…女性と子どもの低賃金労働や長時間労働
資本主義への対抗として社会主義思想の登場

イギリスの覇権：「世界の工場」の地位を確得 → パクス＝ブリタニカ(19世紀半ば)
エネルギー革命：石炭を使用した蒸気力への転換 → 生産力の急上昇

第0章
第1章
第2章
第3章
第4章
第5章
第6章
第7章
第8章
第9章
第10章

頻度 ★★★★★ 世界史 日本史

テーマ11 アメリカ独立革命

イギリスと北アメリカ植民地

イギリス本国の人々が北アメリカに移住してつくり上げた13の植民地を北アメリカ植民地といいます。当初、この北アメリカ植民地に隣接してフランスの植民地が広がっており、しかも先住民と結びついて北アメリカ植民地に対抗していました。この頃の北アメリカ植民地は本国からの支援を必要としており、その関係性は良好なものでした。

しかし、ヨーロッパ大陸で起こったイギリスとフランスの戦争と連動して、アメリカの植民地同士でも戦争が始まります。無事に勝利を収めたイギリスでしたが、この戦争をきっかけとしてイギリス本国は財政難に陥ります。

そこで、イギリス本国は北アメリカ植民地に対する課税を強化（印紙法）しましたが、すでにフランスの勢力を排除し、本国の後ろ盾を必要としなくなっていた北アメリカ植民地側は「代表なくして課税なし」と主張し、本国に対して大いに不満を抱きます。

アメリカ独立戦争

植民地側が1773年のボストン茶会事件などの強硬な姿勢を見せた結果、本国はついにマサチューセッツ植民地の自治権はく奪に至ります。不満が頂点に達した北アメリカ植民地は、1774年、アメリカのフィラデルフィアで第1回大陸会議を開催し、イギリス本国政府に対する抗議や、通商断絶同盟の結成を宣言しました。彼らは本国の不当な課税に断固として反対し、団結して戦うことを誓い合ったのです。

1775年、偶発的な戦闘をきっかけに戦いの火ぶたが切られると、植民地側はすぐに第2回大陸会議を開き、ワシントンを植民地軍の総司令官に任命し、1776年にはアメリカ独立宣言を発表するなど、一致団結していきました。独立宣言は、人々の自由・平等を唱える内容になっており、この宣言が出された7月4日は現在でもアメリカで独立記念日という祝日です。

独立戦争は長期化していきますが、フランス・スペイン・オランダといったヨーロッパ諸国が次々と植民地側支援に乗り出し、参戦していきました。さらにロシア・プロイセンといった国が中立を表明し、イギリスは孤立を深めていきます。1781年には植民地軍とフランス連合軍が本国軍を破り、植民地側の勝利が確定しました。

アメリカ合衆国の誕生

独立後の国家の運営をめぐって人々で話し合いが行われた結果、その方針はアメリカ連合規約という形でまとめられます。この規約のなかで、国名がアメリカ合衆国として定められ、独立を果たした北アメリカ植民地はそれぞれがアメリカ合衆国を構成する州となりました。

また、アメリカ独立宣言の思想をベースとしたアメリカ合衆国憲法では、各州に大幅な自治権を認めると同時に、全体を統括するアメリカ連邦政府に徴税権や通商規制権などの強い権限を与え、連邦制を樹立します。ほかにも、立法権・行政権・司法権の3つを分立させる、三権分立を初めて導入しました。

11. アメリカ独立革命

～ アメリカ独立宣言の理念 ～

↑
トマス=ジェファソン

★ 基本的人権 … 万人は平等であり、生命・自由及び
　　　　　　　　　幸福追求の権利を有する。

★ 政府の役割 … 基本的人権 の保全が目的であり、
　　　　　　　　政府権力は 人民 の同意により成立。

★ 革命権 … 目的を果たさぬ 政府を打倒し、
　　　　　　新政府を樹立することは 国民 の権利
　　　　　　　　　　　　　　　　　　　　　である。

～ アメリカ独立戦争の経緯 ～

年		内容
1773		本国によって 茶法 が制定される。茶法に反発した ボストン茶会事件 → 直接衝突 へ。
1774		フィラデルフィアで 第1回大陸会議招集。
1775		植民地軍 と イギリス軍が レキシントンで 衝突 = 開戦。第2回大陸会議が招集され、ワシントンが 総司令官 に就任。
1776	1月	トマス=ペイン が『コモン=センス』を発表。
1776	7月	ジェファソンが起草した アメリカ独立宣言を大陸会議で採択。→ 実質的な アメリカ合衆国の発足。
1777		サラトガの戦いで アメリカ軍が 大勝。
1778		フランス が アメリカ軍側で 参戦。
1779		スペイン が アメリカ軍側で 参戦。
1780		オランダ が アメリカ軍側で 参戦。
1781		ヨークタウンの戦いで アメリカ軍が 勝利。独立が決定的になる。
1783		パリ条約 締結。アメリカの独立承認とミシシッピ川以東のルイジアナの 割譲 が決定。

お茶っ葉を海に捨てて抗議

TEA

ボストン茶会事件

コモン=センスを読んで
民衆が独立を望むように！
ウオオオ

第0章
第1章
第2章
第3章
第4章
第5章
第6章
第7章
第8章
第9章
第10章

テーマ**12** フランス革命とナポレオン

フランス革命

独立を果たしたアメリカにおける**アメリカ合衆国憲法**（➡ テーマ**11**）の内容は、国王がいなくても市民だけで政治を行える体制を整えたということができます。その思想の衝撃はすさまじく、フランス市民の間に革命の機運を高めていきます。

　革命直前期のフランスは、度重なる戦争による財政難に苦しんでいました。また、当時のフランスの人々は**第一身分**（聖職者）・**第二身分**（貴族）・**第三身分**（平民）の３つの身分に分かれていました。裕福な第一・第二身分は免税特権を有していたため、財政難のしわ寄せを貧困層も多い第三身分が一手に引き受けることとなり、苦しい生活を強いられていたのです。このいびつな状況（**アンシャン＝レジーム**）を打開しようとする動きが、1789 年に始まったフランス革命でした。

　当初、国王の**ルイ 16 世**は三部会を開催して財政を立て直そうとしましたが、聖職者や貴族の抵抗にあい機能不全に陥りました。1789 年の**バスティーユ牢獄襲撃**を皮切りに、平民たちによる新しい議会である**国民議会**が発足します。彼らは王権の制限を主張し憲法制定を目指しました。国王の国外逃亡未遂事件以降、新議会は次第に**共和政**を主張するようになり、革命の波及を恐れた周辺諸国の介入を招きます。その結果、フランスの革命政府はオーストリアやプロイセンと戦争状態に突入していきます。

　当初は苦戦を強いられた革命軍も、初の**男性普通選挙制**によって組織された政府主導のもと、敵との内通の疑いのあった**ルイ 16 世処刑**を断行し、共和政が始まると、**徴兵制**の実施や戦争のための経済統制などによって戦況が好転していきます。しかし、政府は共和政に反対する者を次々と処刑する過激な**恐怖政治**を行い、反政府派によるクーデタ（**テルミドール 9 日のクーデタ**）を招きます。以後のフランスは混乱状態に陥りますが、そんな状態に終止符を打ったのが**ナポレオン**（＝ボナパルト）でした。

ナポレオンの大陸征服

革命と同時に進められていた対外戦争で活躍したナポレオンは、遠征から帰国した後、クーデタを起こして自身をリーダーとする新たな政府をつくり上げます。彼はフランス革命によって市民が獲得した数々の権利を**フランス民法典**として明文化し、革命の終結を宣言するとともに、市民からの絶大な人気を獲得して独裁的な権力を形成していきました。1804 年、ナポレオンは国民投票によってフランスの皇帝**ナポレオン 1 世**として即位します。これまでの戦争は、フランス革命の防衛戦争という性質を帯びたものでしたが、帝政の開始以降、革命の理念をヨーロッパ全土に拡大するという名目のもと、ナポレオン 1 世による征服戦争が始まります。**オーストリア・プロイセン・ロシア・スペイン**などの大国を次々と従わせて、ヨーロッパ大陸での覇権を獲得すると、その勢いのまま、最後の強敵イギリスに対する経済的な圧力のために**大陸封鎖令**を発令します。

　しかし、これに違反したロシアへの遠征（**ロシア遠征**）に大敗すると、ヨーロッパ各国でナポレオンの支配から脱するための**解放戦争**が始まり、最終的に**ワーテルローの戦い**で敗れたナポレオンは流刑となりました。彼の大陸制圧は、ヨーロッパ諸国に**自由主義**と**ナショナリズム**（➡ テーマ**13**）を芽生えさせていくことになります。

12. フランス革命とナポレオン

～フランス革命中の 政府の変遷 ～

★ **国民議会**
- 三部会から分離し第三身分を中心に発足. 憲法制定を目標とする.
- バスティーユ牢獄襲撃
  ↳ 以降 国民議会が革命の中心機関に
- 1791年憲法を成立させて解散.

★ **立法議会**

ジロンド派
フイヤン派
ジャコバン派

3種類あるよ!

- 1791年憲法に基づいて実施された制限選挙により成立.
- 対オーストリア・プロイセン戦争を決議.
  → 当初の戦況不利を受け、開戦を主導したジロンド派内閣が辞任.
  → フイヤン派が政権を握る.
- 立法議会による「祖国は危機にあり」宣言.
  → パリに義勇兵が結集.「ラ=マルセイエーズ」は後の国歌に.
- 8月10日事件・・・義勇兵の中の過激派が 国王一家の住む宮殿を襲撃
  → ジャコバン派の指導

立法議会は王権の停止及び新憲法制定のための議会開設を 決議して解散.

★ **国民公会**

ロベスピエール

処刑!!

- 王権停止後、男性普通選挙によって成立.
  → フランス革命が最も高揚した時期
- 1792年、ヴァルミーの戦いで仏軍が墺・普連合軍を撃破.
  → 共和政の機運高揚. 翌年には王政廃止を決議(第一共和政)

ドイツの文豪ゲーテが感動!

- 1793年、急進的なジャコバン派が台頭する中 ルイ16世が処刑される.
  → ジャコバン派の独裁へ. 封建地代の無償廃止、黒人奴隷の廃止.
- 革命を妨害する者を次々処刑. (恐怖政治)
- テルミドール9日のクーデタでジャコバン派が打倒され、総裁政府が成立.

★ **総裁政府**

ナポレオン

かなり理想化された若いらしい…

- ジャコバン派打倒の後の1795年憲法によって成立.
- 政府はジャコバン派独裁の反省から5人の総裁からなる集団指導体制に.
- 王政復活を目指す王党派の反乱発生.
- バブーフの政府転覆を狙ったクーデタ未遂事件.
  → 相次ぐクーデタ騒ぎで政情不安に.
- 混乱の終息を望む市民の支持を受けたナポレオンが総裁政府を打倒.
  → 自らが第一統領となって革命の終結を宣言.

テーマ 13 19世紀前半のヨーロッパ

ウィーン会議

フランス革命とナポレオンの征服戦争によって混乱に陥ったヨーロッパの秩序を立て直すべく、1814〜15年にオーストリアの首都ウィーンで**メッテルニヒ**主導のもと、**ウィーン会議**が開かれました。

このウィーン会議では、フランス革命前の君主政が支配的だった状態へ戻そうという主張がなされます。会議の結果はウィーン議定書にまとめられ、ヨーロッパ各国は改めて国境を画定し、領土や国家体制の変更を容認することになりました。

結果として、オーストリアを盟主とする**ドイツ連邦**が成立し、**スイスの永世中立国**としての地位が承認されたほか、フランスではブルボン朝が復活しました。こうした**正統主義**の理念に基づく復古を基調とした体制の現状維持を**ウィーン体制**といいます。

ウィーン体制への反発

ウィーン体制はフランス革命で市民が獲得した権利を抑え、再び国王の権力を拡大させるような体制です。こうした動きに対して、市民たちは各地で反対運動を行いました。この絶対君主制の束縛から脱し、個人の自由を目指そうという思想による**自由主義運動**が展開されました。ドイツやイタリアなど各地で運動が起こりましたが、それぞれ鎮圧されてしまいました。

また、自由主義運動に加えて、この時代には**ナショナリズム**とよばれる国民主義運動が起こりました。ナショナリズムとは自国民や民族といった仲間意識を重んじ、他国や他民族の支配から脱し自立を目指そうという運動です。1821年のオスマン帝国の支配に反発して起こった**ギリシア独立戦争**はナショナリズムの代表例でしょう。

ウィーン体制の崩壊

ブルボン朝が復活していたフランスでは、国王が絶対君主制の時代を復活させようと反動政治を敷きました。これに激しく反発したフランス国民は、1830年にとうとう蜂起します。これが**七月革命**です。この蜂起によって当時の国王は国外亡命を余儀なくされました。この革命によって、フランスには**七月王政**が成立しますが、残念ながら新しい国王は、国民全員ではなく少数の富裕層向けの政治を展開しました。

1848年には、フランスで再び革命が起こります。これが**二月革命**です。この革命によって七月王政は打倒され、フランスは再び国王がいない時代へと突入しました。

フランスで再び起きた革命の影響は、自由主義やナショナリズムの機運が高まっていたヨーロッパ各地へ波及していき、各地で革命や民族運動を引き起こしました。この状況を**「諸国民の春」**といい、ドイツやイタリアでは国を統一しようという民族運動（**ドイツ蜂起・イタリア民族運動**）が活発化したほか、オーストリアの支配下にあったハンガリーやベーメン（ボヘミア）でも独立運動（**ハンガリー民族運動・ベーメン民族運動**）が展開されました。この動きは鎮圧こそされましたが、オーストリアのウィーンで起きた**三月革命**ではとうとうメッテルニヒが追放され、ウィーン体制が崩壊へと向かい始めます。

13. 19世紀前半のヨーロッパ

～ウィーン議定書～

フランス	フランス、スペイン、両シチリア王国でブルボン朝が復活
	→ フランス国王はルイ18世 (ルイ16世の弟)
ドイツ	ドイツ連邦の成立 … 神聖ローマ帝国は復活せず!!
	→ オーストリアを議長とする国家連合
イギリス	オランダからセイロン島、ケープ植民地を獲得.
	フランスからマルタ島を獲得.
オランダ	オランダ王国が成立.
	→ 南ネーデルラント(ベルギー)をオーストリアから獲得
オーストリア	ロンバルディア、ヴェネツィアを獲得
ロシア	事実上、ポーランドを領有
	→ ポーランド王国の成立、ポーランド王位はロシア皇帝が兼任.
スイス	5州を新たに加え、永世中立国となる.

地図

ロシア帝国
オランダ王国
プロイセン王国
ポーランド王国
フランス王国
スイス
オーストリア帝国
スペイン王国
ロンバルディア
ヴェネツィア

～各地の自由主義運動～

- ブルシェンシャフト 　　メッテルニヒがドイツ連邦会議で弾圧を決議
  (ドイツ学生同盟)

- カルボナリの反乱 　　オーストリア軍の介入で挫折
  (イタリア)

- スペイン立憲革命 　　フランスの介入で挫折
  → 英仏の対立から五国同盟が崩壊

- デカブリストの乱 　　アレクサンドル1世の死が契機
  (ロシア)　　 → ニコライ1世が皇帝に即位した後、弾圧

- ギリシア独立戦争 オスマン帝国(トルコ)から独立.
  イギリス フランス ロシアがギリシアを支援
  ロンドン会議でギリシアの独立を承認!

権力で自由主義を抑えようとしているね……!!

第0章
第1章
第2章
第3章
第4章
第5章
第6章
第7章
第8章
第9章
第10章

テーマ14 19世紀後半のヨーロッパ

クリミア戦争

産業革命に必要な工場や機械導入のための資金繰りに苦労していたロシアは、オスマン帝国の弱体化を好機とみて、**不凍港**を獲得すべく温暖な南方地域への進出を目指す**南下政策**を開始します。

ロシアは黒海方面への進出を図るため、**ギリシア正教徒の保護**を口実に、ギリシア独立戦争やエジプト＝トルコ戦争に参戦します。そして 1853 年にはオスマン帝国との直接対決である**クリミア戦争**に踏み切ります。

しかし、ロシアの勢力拡大を警戒したイギリスやフランスがオスマン帝国側についたこともあり、ロシアはこの戦争に大敗します。この戦争でヨーロッパの**列強**は、ナポレオン戦争以来、初めて戦火を交えることとなり、ウィーン体制の崩壊が決定的になりました。

パクス＝ブリタニカ

19 世紀半ば頃から、イギリスでは**ヴィクトリア女王**の統治のもとで**パクス＝ブリタニカ**とよばれる大繁栄期を迎えていました。先んじて産業革命を達成した圧倒的な工業力と軍事力を背景に、欧米諸国・アジア・アフリカに**自由貿易体制**を拡大していったのです。

また、同時期には**自由党**と**保守党**の**二大政党制**が発達し、労働組合の合法化や初等教育の整備などを進め、国民国家としての体裁をいち早く整えていきました。

フランスの政体変遷

二月革命以降、フランスには**第二共和政**が成立していました。このとき、臨時政府が国家の運営に携わっていましたが、臨時政府は社会主義的な政策を重視していたため、資本家や農民たちの支持を失っていきます。

1848 年の**四月普通選挙**で社会主義勢力が大敗すると、社会主義者や労働者らは**六月蜂起**を起こしました。この混乱のなか、同年 12 月に行われた大統領選挙にて大勝したのが**ルイ＝ナポレオン**です。彼は 1851 年クーデタで議会を武力によって解散させると、**ナポレオン 3 世**として即位しました。**第二帝政**の始まりです。

ナポレオン 3 世は、全フランス国民の利害対立を利用し、うまく国内をまとめると、積極的に海外進出を実施しました。クリミア戦争・アロー戦争・インドシナ出兵など数々の戦争に参加し勝利することで、自身の人気を確立しつつ領土を確実に広げていったのです。しかし、**プロイセン＝フランス戦争**に敗れ、ナポレオン 3 世は捕虜となってしまいました。これで第二帝政は崩壊してしまいます。

その後のフランスでは、急きょ臨時政府が発足し、**第三共和政**が始まりました。戦争の早期終結を望む臨時政府は、ドイツとの停戦交渉に非常に弱気な態度で臨みます。これに反発したパリの労働者たちは、史上初の労働者による自治政府である**パリ＝コミューン**を結成。臨時政府軍と「血の週間」とよばれる激しい戦闘をくり広げました。最終的にはパリ＝コミューンを弾圧した臨時政府によって**第三共和政憲法**が制定されると、第三共和政は安定し始め、国民国家の整備が進んでいくことになります。

14. 19世紀後半のヨーロッパ

～ イギリスの二大政党制 ～

● 保守党

<u>右派のトーリ党</u>が基盤
地主や貴族階級が支持基盤
<u>植民地拡大を企図</u>し、
　積極的に<u>対外政策</u>を実施
代表的な政治家：<u>ディズレーリ</u>

ディズレーリ

● 自由党

<u>左派のホイッグ党</u>が基盤
<u>産業資本家</u>が中心的な支持基盤
<u>植民地拡大に反対</u>し、
　　　　　　　<u>内政を重視</u>
代表的な政治家：<u>グラッドストン</u>

グラッドストン

～ ドイツの統一とビスマルクの政治 ～

鉄血政策	ビスマルクが提唱。軍事増強を図り、武力でドイツの統一を推進。
プロイセン=オーストリア戦争 （普墺）	プロイセンが勝利し、自らを盟主とする北ドイツ連邦を形成。
プロイセン=フランス戦争 （普仏）	ドイツ統一阻止を狙うナポレオン3世が開戦。 → 南ドイツ諸国がプロイセンに協力、プロイセン側が圧勝。 ヴィルヘルム1世がドイツ皇帝に即位、ドイツ帝国誕生。
文化闘争	カトリック教会の勢力削減のためドイツ南部のカトリック勢力を弾圧。
社会主義者鎮圧法	国内の社会主義者を弾圧 → 社会保険制度を整備することで労働者の支持獲得を企図。

ビスマルク外交の図

未回収のイタリア

フランス
アフリカ 取り合い
イギリス
親善
イタリア
三国同盟
ドイツ
オーストリア
バルカン半島
三帝同盟
ロシア

作戦通り…

テーマ 15 19世紀のアメリカ大陸

ラテンアメリカ諸国の独立

ウィーン体制（➡テーマ13）への反発は**ラテンアメリカ**にも波及していきました。**1804**年、フランス革命の影響を受けた**ハイチ**の黒人たちが、奴隷からの解放やフランスからの独立を掲げて蜂起したのを皮切りに、ラテンアメリカで生まれた白人地主層の主導でラテンアメリカ諸国が相次いで独立を果たします。オーストリアは当初、このラテンアメリカの独立運動を弾圧しようとしましたが、ラテンアメリカを市場にしようと考えていたイギリスの独立支持と、アメリカの米・欧両大陸への相互不干渉の宣言（**モンロー宣言**）を受け、オーストリアはラテンアメリカへの干渉を断念することになりました。

アメリカ合衆国の拡大

独立直後のアメリカ合衆国の領地は、かつての**北アメリカ植民地**を中心に大陸の東側に集中していました。当時のアメリカは人口増加とそれにともなう土地不足に悩まされており、**西部開拓**に乗り出します。

アメリカは、フランスからミシシッピ川以西の**ルイジアナ購入**を行い、さらにスペインとの間では**フロリダ買収**を実行します。そしてメキシコから独立した**テキサス編入**を果たすと、**1846**年の**アメリカ＝メキシコ戦争**でメキシコを破り、**カリフォルニア獲得**を達成します。そうしたなか、**1848**年のカリフォルニアでの金鉱発見で**ゴールドラッシュ**が起こり、白人の西部への移住が加速したため、アメリカの先住民は保留地に強制的に移住させられることになりました。

南北の対立

西部開拓が進み、順調に領土を拡大していくアメリカ合衆国でしたが、**19**世紀のアメリカは、北部と南部でまったく異なる社会が形成されていました。アメリカ南部の経済は主に**綿花プランテーション**によって支えられていました。綿花の対外輸出によって経済が成り立っていたため、**南部**は**自由貿易体制**を支持します。また、プランテーションは奴隷を労働力としていたので、**奴隷制**にも賛成の立場をとります。

一方で**北部**は資本主義的な商工業によって繁栄していました。とはいうものの、その発展の度合いはイギリスを筆頭とする先進国に比べれば未熟なもので、北部は国内産業を育成するために、**保護貿易**を主張することになります。また、工場の労働力確保のため、南部の奴隷の解放を主張し、奴隷制に反対の立場をとっていました。

1861年、奴隷制廃止を唱える共和党の**リンカン**が大統領に就任します。これに反発した南部7州がアメリカ合衆国からの離脱を宣言して**アメリカ連合国**を結成したことによって北部南部の対立は決定的なものとなり、とうとう**南北戦争**が勃発しました。

最終的にこの戦争で勝利したのは、**1886**年に**奴隷解放宣言**を出した北部です。戦争後、アメリカでは北部主導により商工業が発展し、**1870年代**には**第2次産業革命**を迎えることとなりました。また、この時期にはアメリカに大量の**移民**が流入しており、彼らが工場の労働者として大活躍します。**1869**年には**大陸横断鉄道**も開通し、アメリカ東部と西部の政治的・経済的な統一も進展しました。

15. 19世紀のアメリカ大陸

～アメリカ合衆国の南北対立～

正反対!! 比べてみよう!!!

	北部	南部
産業	• 工業を重視 　→産業革命の進行 　産業資本家が台頭.	• 農業を重視 　→綿花プランテーションが発展. 　黒人奴隷の使用が拡大.
貿易	• 保護貿易 　→先進国であるイギリスに対抗 　国内産業の保護が目的.	• 自由貿易 　→原料の綿花をイギリスへ輸出 　→イギリスへ同調.
政治	• 連邦主義 … 共和党支持 　→国内産業保護のため, 全州を 　統合して保護貿易を実施.	• 州権主義 … 民主党支持. 　→各州の利益をそれぞれ追求. 　統合よりも各　の権限強化.
奴隷制	• 奴隷制反対 　→工業への安価な 　労働力担保も企図.	• 奴隷制維持 　→プランテーションの維持.

～アメリカ合衆国産業の成長～

• 南北戦争終了後, 北部主導で商工業が発達.
　→資本主義が発達し, 第2次産業革命へ.

• 移民の増加
　→19世紀初頭から19世紀後半には
　合衆国の人口は10倍以上に

10倍…
!?

• 大陸横断鉄道の開通 (1869) … 東部と西部の統合.
　→アメリカの政治的・経済的統一が進展.

• フロンティアの消滅
　→海外市場の確保のため, カリブ海や中国方面へ進出開始.

第0章
第1章
第2章
第3章
第4章
第5章
第6章
第7章
第8章
第9章
第10章

テーマ16 ヨーロッパ諸国のアジア進出

東南アジアの植民地化

イギリスとオランダは19世紀に東南アジアへ進出しました。オランダはインドネシア全域にその支配領域を拡大していきましたが、その際生じた財政難を解消するために始まったのが強制栽培制度です。これはヨーロッパへの輸出作物を強制的につくらせる制度です。ここであげられた莫大な利益はオランダ産業革命の資金源となりました。

一方、イギリスはマレー半島を支配し、インドと中国の交易を進める海上ルートを確保しようと考えました。イギリスは1826年、マレー半島に海峡植民地を成立させたあと、さらに1895年にはマレー連合州を成立させ保護国化します。この地では、錫やゴムの生産・開発が行われました。

また、フランスは、阮福暎が建国した阮朝が支配するベトナム方面への侵攻を進めます。ベトナム南部やカンボジアを征服したフランスは、ベトナムの宗主権を主張する清との清仏戦争に勝利し、ベトナム保護国化を果たします。1887年には支配領域を統合してフランス領インドシナ連邦を成立させ、のちにラオス編入も達成し、中国進出のための拠点となる広大な植民地を形成していきました。

インドの植民地化

インドでは、イギリス東インド会社が中心となって植民地経営にあたっていました。イギリスは、同様にインドを狙うフランスとの間に勃発した1757年のプラッシーの戦いに勝利し、インドでの優位を確定すると、1765年にはインド東部のベンガル地域などの徴税権を獲得しました。その後、イギリス東インド会社はマイソール戦争、マラーター戦争、シク戦争と3つの戦争に次々と勝利を収め、インドのほぼ全域を制圧することに成功します。

1857年には、イギリス東インド会社の支配に反発するインド大反乱が、インド全体を巻き込んで生じます。これはイギリス軍に鎮圧されましたが、この混乱のなかでムガル帝国滅亡が起きました。1858年には反乱の責任をとる形で東インド会社解散が起き、1877年にはイギリスのヴィクトリア女王がインド皇帝に即位して、イギリスによる直接支配のもとでインド帝国が成立しました。

西アジアの植民地化

18世紀半ば頃から、オスマン帝国の弱体化を受けて、その支配領域の各地で帝国の支配から独立しようという動きが高まります。バルカン半島では、フランス革命の影響もあり、ギリシアを筆頭に各地で独立運動が起こるようになります。オスマン帝国の領域を市場として狙うヨーロッパ列強は、この運動を利用してバルカン方面へと進出しました。その結果バルカン半島では、オスマン帝国のみならず列強同士の対立も反映された複雑な国際関係が構築され、多数の紛争の種を抱えることとなります。これを「東方問題」とよびます。

またエジプトでは、対ナポレオンでの活躍が認められて現地の総督になっていたムハンマド＝アリーの指導によりエジプト＝トルコ戦争が起こります。この戦争を経て実質的な独立を果たしたエジプトでしたが、スエズ運河を狙ったイギリスの介入により、イギリスの保護国になってしまいました。このような動きを経て、オスマン帝国内では、近代化の必要性が強く認識され、改革運動が起こります。この改革ではアジア初の憲法が制定されるなどしました。

16. ヨーロッパ諸国の アジア進出

～東南アジアの植民地化～

- ベトナム・ラオス・カンボジア
- ビルマ
- タイ
- マレー半島、北ボルネオ
- スマトラ島、ジャワ島、
  南ボルネオ など.
- フィリピン

→ 1887年、フランス領インドシナ連邦 成立
→ 1886年、インド帝国 (英) に編入
→ 英仏の緩衝地帯として、独立を維持.
→ 1895年、イギリス領マレー連合州 成立

→ オランダ領東インドが
　　　　17～19世紀にかけて拡大.
→ 1898年、アメリカ=スペイン (西) 戦争でスペイン領.
　　　⇒ アメリカ領

ラオス
ビルマ
タイ
ベトナム
カンボジア
フィリピン
マレー半島
スマトラ島
ボルネオ島
ジャワ島
この辺だよ!!!

～オスマン帝国の近代化と挫折～
(位 1876～1909)

- アブデュルハミト2世

↪ ミドハト憲法の制定 (1876) … オスマン帝国近代化の集大成
　　　宰相 = ミドハト=パシャ
　　　　⇒ 露土戦争を口実に憲法停止し、専制政治を復活
↪ 青年トルコ革命 により退位.

第0章
第1章
第2章
第3章
第4章
第5章
第6章
第7章
第8章
第9章
第10章

頻度 ★★★★★　世界史　日本史

テーマ 17 アヘン戦争と太平天国の乱

アヘン戦争

中国の清は、ヨーロッパ船の来航を広州の1港に限定しており、自由貿易を求める イギリスの要求は通らずにいました。また、イギリスと清の貿易は、イギリス側から中国に輸出できる ような有力な商品がなく、銀を用いて中国から茶や陶磁器がイギリスに輸入されました。そのため、銀 の動きが輸出に偏っていました。そこでイギリスは、自国で生産した綿製品（➡テーマ10）を植民地のイ ンドに持ち込み、代わりに中国へアヘンを輸出し、そのアヘンによって茶・陶磁器を自国に輸入する 三角貿易に移行します。アヘンは麻薬だったので、中国でアヘン需要が急激に高まり、密輸が横行し ます。中国側からの支払いには銀が用いられたため、イギリスは銀の回収にも成功しました。

事態を重く見た林則徐がアヘンを取り締まるようになると、その制裁を口実にしてイギリスは、 1840年、清に戦争を仕掛けます。これをアヘン戦争といいます。アヘン戦争は、イギリスと清との 圧倒的な力の差が明らかになる結果となりました。イギリスはこの戦争に圧勝し、南京条約を清に突 きつけ、5港開港や香港島の割譲、賠償金の支払いを命じます。さらに翌年には、イギリスは清に対 して領事裁判権を承認させ、関税自主権を奪います。イギリスと不平等条約を結ばされた清は、 その後同様の条約をアメリカやフランスとも締結させられることとなり、この戦争以降、中国の植民地 化が進むことになります。

アロー戦争と太平天国の乱

清に不平等条約を結ばせたものの、想定よりも貿易での利益 があがらなかったイギリスは、再度中国への戦争をたくらみます。1856年のアロー号事件を口実に、 イギリスが清に宣戦布告をして始まったのがアロー戦争です。このときのイギリスはフランスのナポ レオン3世（➡テーマ14）にも出兵を持ち掛けました。これに大敗した清は北京を占領され、北京条約 が締結されます。この条約によって、外国公使の北京駐在やキリスト教布教の自由、新たに天 津など11港の開港、九竜半島南部割譲などが認められたほか、多額の賠償金が清に課されました。

賠償金を支払うために、農民たちには重税が課されました。人々は困窮し、清の統治に対して不満を 抱くようになります。1851年にはキリスト教の影響を受けた洪秀全という人物の指揮によって、太 平天国の乱が起こります。洪秀全は太平天国を建国すると、反乱軍を率いて南京を占領し、天京と改 称して都としました。そして土地を均等に配分するなどの政策を唱え、人々の支持を獲得していきまし た。

太平天国の動きに反発する地主たちは郷勇とよばれる義勇軍を結成し、反乱の鎮圧にあたりました。 義勇軍のなかでも、曽国藩率いる湘軍と李鴻章率いる淮軍が特に有力でした。加えて、欧米人が指 揮した中国人の軍隊である常勝軍が乱鎮圧に貢献しました。太平天国の乱の鎮圧後、西洋の軍事技術 を導入して富国強兵を図ろうという改革運動である洋務運動が起こります。この運動の中心となっ たのが曽国藩や李鴻章でした。ただし、その理念には「中体西用」が掲げられ、西洋技術の導入な どを達成しましたが、中国の伝統的な体制にこだわった洋務運動の限界は日清戦争の敗北（➡テーマ23） などにより露呈していくことになります。

17. アヘン戦争と太平天国の乱

～アヘン戦争後の清朝と列強との不平等条約～

① 南京条約
- 広州・厦門・福州・寧波・上海の開港
- 公行の廃止と対等条約の原則を承認
  └ 関税協定権
- 香港島をイギリスに割譲
- 莫大な 賠償金

内容理解が大切!!!
名前と内容を言えるようにしよう!!!
めざせ条約マスター

② 五港通商章程　イギリスの 領事裁判権 (治外法権) を承認

③ 虎門寨
　追加条約
- 関税自主権の喪失
- イギリスへ片務的最恵国待遇を承認
- 開港地における土地租借と居住権の付与
  → のちに 租界 を設置

④ 望厦条約　アメリカと結んだ不平等条約
⑤ 黄埔条約　フランスと結んだ不平等条約

→ 紛らわしいので要注意!
望(厦)ボウ゛ァ = 米ベイ (アメリカ)
濁点同士! って覚えたよ

～アロー戦争後の清朝と列強との不平等条約～

清朝と英・仏・米・露の条約

① 天津
　条約
- 広州 などを含む10港の開港、貿易の自由化
  → 華北や台湾なども含む
- 外国公使の北京駐在
- キリスト教布教の自由
- 外国人の内地旅行の自由
- 英仏への 賠償金 支払い

ロシアの仲介で締結した アロー戦争 の最終的な講和条約

② 北京
　条約
- 天津条約の批准交換 (内容確認)
  → 天津条約 の内容はすべて北京条約にも含まれる
- 天津を追加開港
- 九竜半島南部をイギリスへ 割譲
- 長江航行の自由
- アヘン貿易 の公認
- 賠償金 の増額

③ 北京
　条約
　(対ロシア)
清朝と英仏の講和調停の代償として、ロシアと清が 締結
- 沿海州をロシアに割譲
  → ロシアは 沿海州 にウラジヴォストークを建設

テーマ18 日本の開国とその影響

開国とは

開国とは、鎖国（→テーマ7）下に来航することが認められていた中国やオランダ以外の国が、日本に来航することが認められたことや、通商条約を結んで貿易を開始したことをさします。

テーマ17で学習したように、アヘン戦争で中国がイギリスに敗北したことで、幕府はそれまでの来航船への対応であった異国船打払令（無二念打払令）をやめ、天保の薪水給与令に変更しました。これは薪（燃料）や水（食料など）を支給するという意味で、穏便に退去してもらう法令のことです。こうしたなか、ついにペリーが来航。アメリカの船が下田・箱館に立ち寄ることや漂流民の保護などを求めた日米和親条約を結びました。この段階ではまだ鎖国を放棄したわけではないので注意しましょう。この後ハリスが総領事としてやってきて日米修好通商条約を結び、貿易をすることになって鎖国を放棄することになるのです。

開国の影響

この頃、水戸藩を中心に尊王攘夷論が唱えられていました。尊王は「天皇を敬う」こと、攘夷は「外国人を打ち払う」こと。朝廷（天皇）では攘夷の風潮が強かったので、幕府を批判する勢力のなかでは朝廷の意思にあたる攘夷の実現が尊王に通じるとして尊王攘夷論が広まりました。そうしたなか、天皇の意思を無視して通商条約の調印を行った大老の井伊直弼は、桜田門外の変で暗殺されることになります。

朝廷との対立を避けたい幕府は、孝明天皇の妹（和宮）を将軍徳川家茂の妻としたのです。これを公武合体といいます。公（朝廷）と武（幕府）がファミリーになるので、合体ということです。

長州藩が尊王攘夷を唱えて外国船を砲撃したり、薩摩藩がイギリス人を殺害した生麦事件をめぐってイギリス艦隊と薩英戦争を起こしたりしましたが、いずれも日本側は大きな被害を受け、「もはや外国とは戦えない！」と攘夷は挫折することになりました。その後、薩摩藩はイギリスと仲良くなり、取引を開始して武器を売ってもらいました。それに対して、幕府はフランスから軍事顧問団を招いて軍事改革を進め、再び尊王攘夷派が台頭していた長州藩を征伐しようとしました。しかし幕府に見切りをつけていた薩摩藩はこれに応じず、薩長同盟を結んだのです。

貿易の動向

幕末の貿易は横浜港中心で、主にイギリス・フランスを相手として行われました。アメリカとは南北戦争（→テーマ15）の影響で貿易額は低かったのです。日本の輸出品は生糸・茶が中心の一方、輸入品は毛織物・綿織物・武器・艦船が中心。はじめは輸出超過でした。特にヨーロッパで蚕の病気がはやったため、生糸に加え蚕卵紙も輸出されました。

当時は欧米との金銀の価値が異なっていて、なんと日本の金を海外に持ち出すと3倍の価値になったため、多くの金貨が流出しました。この結果、質の悪い金貨をつくって対応したため、輸出超過による品不足も加わって、物価高騰（インフレ）へ。こうした経済的情勢のなかでの外国人への反感が攘夷運動を加速させたのでした。

18. 日本の開国とその影響

- **欧米の接近**
  - 1792年　ラクスマンが根室に来航 → 長崎での交渉を認める
  - 1804年　レザノフが長崎に来航 → 通商拒絶 → ロシア軍艦蝦夷地砲撃事件
  - 1825年　異国船打払令 (無二念打払令) … 中国・朝鮮・琉球・オランダの船以外撃退
  - 1840年　アヘン戦争
  - 1842年　天保の薪水給与令 … 異国船打払令廃止

日米和親条約 1854年

内容 ・下田・箱館の開港　・漂流民の保護　・下田への領事駐在権

問題点　片務的最恵国待遇のみ承認 … **不平等条項**

日米修好通商条約 1858年

内容　・神奈川・長崎・新潟・兵庫・箱館の開港、江戸・大坂の開市
- ・居留地の設定
- ・自由貿易 … 奉行が立ち会わない

問題点　領事裁判権の承認　関税自主権がない → いずれも不平等条項

- **幕末の動向**
  - 1858〜59年　安政の大獄 … 大老井伊直弼が批判者を弾圧
  - 1860年　桜田門外の変 … 大老井伊直弼暗殺
  - 1862年　公武合体 … 孝明天皇の妹和宮が14代将軍徳川家茂に嫁ぐ
  - 1863年　・長州藩外国船砲撃事件 … 攘夷実行
  - ・薩英戦争 … 生麦事件の報復 → 戦争後、薩摩藩とイギリスは接近
  - 1864年　・禁門の変 (蛤御門の変) … 長州藩が幕府側と戦って敗北
  - ・第一次長州征討 … 長州藩が戦わずに降伏
  - 1865年　・長州藩の高杉晋作ら奇兵隊がクーデタ … 再び尊王攘夷派が主導権握る
  - ・第二次長州征討の宣言
  - 1866年　薩長同盟 … 坂本龍馬の仲介
- **貿易の動向**
  - 貿易の内容　・横浜港中心で、主にイギリス・フランス相手
  - ・輸出品は生糸・茶・蚕卵紙、輸入品は毛織物・綿織物・武器・艦船
  - 貿易の影響　・輸出超過による品不足
  - ・金銀の価値の違い → 金貨が流出 → 質の悪い金貨をつくって対応
    - ⇒ 物価高騰 (インフレ) になり、より外国人への反感が攘夷運動を加速

第0章
第1章
第2章
第3章
第4章
第5章
第6章
第7章
第8章
第9章
第10章

テーマ19 明治維新

明治維新とは

明治維新とは、薩摩藩・長州藩・土佐藩・肥前藩の4藩を中心に行われた江戸幕府に対する倒幕運動と、一連の近代化の改革のことをさします。

幕府は長州藩を征伐しようとしますが、各地で敗北した上に、テーマ18で学習したように当時は薩長同盟が結ばれており、14代将軍徳川家茂が死去したため中止となります。新たに将軍となった徳川慶喜は、あえて将軍を辞めて政権を天皇に返上する大政奉還を行います。天皇のもとで有力大名が話し合いで政治を行う体制を目指していったわけです。

ところが、倒幕派は薩摩藩などの兵力を背景に王政復古の大号令を発表して、徳川家抜きの新政府を樹立したのです。さらに、徳川慶喜に辞官納地を命じる処分が下されました。これは、内大臣の辞任（辞官）と領地の一部返上（納地）をするという意味。つまり、徳川家から官職や領地を奪い取ってしまうということです。さすがに、これに納得ができない慶喜側が新政府側と武力衝突して鳥羽・伏見の戦いが勃発。以後1年半近く続く戊辰戦争に突入することになります。

藩から県へ

戊辰戦争のさなか、新政府は今後の方針として五箇条の誓文を公布しました。これは公議世論の尊重、つまり「議会をつくって世論をくみ上げていく」ことと、開国和親、つまり「外国と交際していく」ことなどを国の方針として示したものです。それまでは、天皇の意思は攘夷であったので、諸外国に対して新政府は攘夷ではなく開国和親だと示すことにより、諸外国の支持を得たいという思惑もあったのです。

また、江戸時代の藩は独立国家のようで権限が強すぎたため、廃止していくことにします。その第1段階が版籍奉還です。版籍とは版図（土地）と戸籍（人民）のことで、それまでは世襲的に大名のものであった土地と人民を天皇に返還して、これからは知藩事という役人として政務をとるという形にしたものでした。しかし藩体制はそのまま維持されたため、徴税権と軍事権は藩に所属したほか、藩により税金のあり方や軍の装備などもバラバラでした。そこで第2段階として、廃藩置県を断行。知藩事（旧大名）は罷免して東京に住まわせ、中央から府知事・県令を派遣することとしました。このときの知事は、今と違い選挙で選ばれるのではなく、中央から派遣されます。これは中央集権国家の確立をうながしました。

四民平等への諸改革

江戸時代の身分秩序も廃止され、旧大名などを華族、かつての武士を士族、そのほかを平民として全国民が苗字を持つこととなり、結婚や職業選択が自由になりました。これを四民平等といいます。廃藩置県により徴税権と軍事権を吸収した新政府は、徴兵令により20歳以上の男子を3年間徴兵することとなります。この結果、士族は軍事力として必要なくなったため、リストラされていきます。これを秩禄処分といいます。

さらに、全国の税金を統一的なものにするため、地租改正を行います。これは全国一律に地価（土地の値段）の3%を金納させることで、安定した税収を目指していったのです。

19. 明治維新

戊辰戦争

鳥羽・伏見の戦い	1868	旧幕府軍が大坂城から京都に攻め上がるが失敗
江戸城総攻撃中止	1868	西郷隆盛と勝海舟の会談により無血開城決定
奥羽越列藩同盟	1868	会津藩討伐に反発した諸藩結成 → 会津藩降伏 9月
五稜郭の戦い	1869	榎本武揚らが立てこもるが降伏 → 戊辰戦争終結

SAIGO

明治初期の貨幣制度

- 兌換と不換 : 「不換紙幣」は正貨と交換不可、「兌換紙幣」は正貨と交換可能.
- 紙幣と銀行券 : 政府が発行するのが「紙幣」で国立銀行が発行するのが「銀行券」.
- 新貨条例 1871年 : 両・分・朱の4進法に代わり 円・銭・厘の十進法を採用.
- 国立銀行条例 1872年 : 民間に国立銀行を設立させ、兌換銀行券を発行
  ⇒ 4行しか設立されず.
- 国立銀行条例改正 1876年 : 不換銀行券発行許可 → 全国の主要都市に設立.

愛犬
ツン →

地租改正前後の違い

	前	後
基準	収穫高	地価
税率	不定(藩によりばらばら)	地価の3%
納税者	年貢負担者(本百姓)	土地所有者(地券所有者)
納税法	現物納	金納

明治初期の思想・啓蒙思想の流入

福沢諭吉
『学問のすゝめ』
で実学を奨励

中村正直
『西国立志編』で
西洋史上の著名人物の
立志伝を紹介

明治初期の教育
1871年 → 文部省設置

1872年 → 学制 … 国民皆学をめざすが、就学率は低い.

明治初期の出版・通信

- 諸版印刷 : 木版印刷の技術に西洋技術を取り入れ、新聞が出版.
- 郵便制度 1871年 : 従来の飛脚制度に代わり導入.

第0章
第1章
第2章
第3章
第4章
第5章
第6章
第7章
第8章
第9章
第10章

テーマ20 近代日本の対外関係

殖産興業とは

殖産興業とは、欧米にならった近代産業育成の政策のこと。**お雇い外国人**を招き、**官営模範工場**を設置するなど、政府自らが工業化の組織主体となって産業振興を図りました。中心となった役所は**工部省**と**内務省**です。工部省は重工業や交通・通信部門を担当し、内務省は軽工業や農業・地方行政・警察部門を担当しました。なかでも輸出品の中心であった**生糸**については質が悪いと外国からクレームがあり、品質の向上と生産量の増大を目指して**フランス**の技術で群馬県に**富岡製糸場**を開設したのです。

またこの頃はテーマ18で学習したような**不平等条約**が続いており、改正の予備交渉のため、**岩倉具視**を中心とする**岩倉使節団**が欧米に派遣されました。しかし日本の代表であるという証明の全権委任状を持参しなかったため、交渉は打ち切りに。アメリカやヨーロッパの海外視察をメインの目的に変更します。これをきっかけとして、進んだ欧米の文化にカルチャーショックを受けた政府の首脳たちはお雇い外国人を多数迎え入れることになります。

明治初期の対外関係

ロシアとの関係は、**日露和親条約**により**択捉島**以南が日本領、**得撫島**以北がロシア領となっており、**樺太**は国境を定めない状態でした。しかし、日本は北海道の開拓で忙しく樺太には手が回らないため、**樺太・千島交換条約**を結び、樺太をロシアに譲る代わりに**千島列島**を日本の領土としました。

一方、**小笠原諸島**は江戸時代、幕府が領有を確認して役所を設置していましたが、その後引き揚げていたため、改めて役人を派遣して統治を再開しました。

琉球王国は、テーマ7で学習したように、江戸時代以来、日本と清国の両方に所属する**両属体制**の立場をとっていましたが、**琉球藩**を置いて外交権を奪い、清国への朝貢を禁止。その後、琉球藩及び琉球王国が廃止されると、**沖縄県**が設置されました。このことを**琉球処分**といいます。こうして、南北両方面の日本の領土が画定しました。

清国とは最初の対等条約として**日清修好条規**を結ぶと、相互に領事裁判権などを認め合いました。しかし、**台湾**で琉球の漂流民が殺害される事件が起きると、自国民保護を名目に**台湾出兵**を行いました。この頃、テーマ19で学習したような士族のリストラが推進されていたので、士族の不満をそらす意図があったともいわれています。

朝鮮に対しては、新政府は国交を結ぼうとしましたが、当時朝鮮は**鎖国政策**をとっていたため、日本との交渉を再三拒否していました。そこで、武力をもって朝鮮に対して強い態度で臨むべきという**征韓論**が**西郷隆盛**や**板垣退助**らを中心に唱えられたのです。ここでも背景には士族の不満をそらす意図があったといわれています。しかし、欧米視察から帰国した岩倉具視や**大久保利通**らが反対してとりやめとなり、西郷・板垣らは政府を去ることとなります。これを**明治六年の政変**といいます。その後、**江華島事件**をきっかけとして日本は朝鮮にせまり、**日朝修好条規**を締結。ついに朝鮮を開国させました。この条約は、日本の領事裁判権や関税免除などを認めさせた不平等条約です。

20. 近代日本の対外関係

岩倉使節団　1871～73年

派遣の目的　条約改正の予備交渉と欧米の制度を導入する
　　　　　　意思を表明

使節団　　　岩倉具視・大久保利通・木戸孝允
　　　　　　伊藤博文

結果　　　　欧米の文物や制度を視察し、欧米文明の
　　　　　　導入に大きな意味

日露外交

日露和親条約　　　　　1855年　・択捉島 以南 日本領、得撫島 以北 ロシア領
　　　　　　　　　　　　　　　・樺太 … 両国人雑居 (国境を定めない) 状態

樺太・千島交換条約　　1875年　千島列島 日本領、樺太 ロシア領.

北海道統治

開拓使　　　　　　　　1869年　蝦夷地を北海道と改称
屯田兵制度　　　　　　1874年　北海道開拓と防備、士族授産が目的
北海道旧土人保護法　　1899年　アイヌの保護を名目に同化政策を推進

日清外交

日清修好条規　　　　　1871年　最初の対等条約
台湾出兵　　　　　　　1874年　琉球漂流民殺害事件を理由

日朝外交

征韓論　　　　　　　　1873年　朝鮮に対する武力行使論 → 明治六年の政変
江華島事件　　　　　　1875年　日本の軍艦雲揚が接近し、朝鮮側から砲撃されると報復
日朝修好条規　　　　　1876年　・釜山・仁川・元山の開港
　　　　　　　　　　　　　　　・日本の領事裁判権と無関税特権を認める不平等条約

周辺諸島

小笠原諸島　幕府が領有を確認 1861年 →その後引き揚げ、統治再開 1876年
尖閣諸島　　日清戦争中に日本の領土に編入
竹島　　　　日露戦争中に日本の領土に編入

移民問題

ハワイへの移民許可 1885年　北米・ハワイへの移民数が増加し、摩擦が生じて制限
ブラジル移民　　　　　　　　日露戦争後、南米への移民増加

テーマ21 自由民権運動

自由民権運動とは

自由民権運動とは、明治時代に行われた憲法制定や国会開設を求めた運動のことで、中心となった人々の違いから大きく3つの時期に分けることができます。

1つ目は士族民権です。これは明治六年の政変（➡ テーマ20）から西南戦争ぐらいまでの士族中心の民権運動のことです。2つ目は豪農民権です。これは西南戦争後、地方では府県会という民会（地方議会）が開かれて地方の豪農が政治に関心を持つようになったことに加え、地租を下げるように要求する活動も起こったことで、豪農や地主などが参加する運動となったものです。3つ目は貧農民権です。これは松方財政の結果、それまでの民権運動の中心であった豪農や地主のなかにはデフレによる米価下落から困窮化して運動から手を引くものが多く出る一方で、貧農が中心となり過激化した行動がとられるようになった運動をさします。

士族民権

明治六年の政変で政府をやめた板垣退助らが民撰議院設立の建白書を提出して国会開設を求めたことをきっかけに、民権運動は一気に広まりました。板垣が地元の高知県で立志社という政治結社をつくると、翌年大阪に各地の政治結社が結集。愛国社という全国組織がつくられました。これに対して政府は、讒謗律・新聞紙条例を制定して弾圧する一方、さすがにこの動きは無視できないため漸次立憲政体樹立の詔を発布します。「漸次」とは「徐々に」もしくは「段階的に」という意味なので、「徐々に憲法を定め、議会を通して国民に立法に参与させる」ということを天皇が示したということです。

このあと、西郷隆盛を中心として最大の士族の反乱である西南戦争が起きます。西南戦争の鎮圧を機に、反政府運動の性格は武力反抗から言論反抗に移り変わっていきます。

豪農民権

解散していた愛国社が再興すると、国会期成同盟と改称、8万7000人近くの署名を集めて国会開設を求めました。これに対して政府は、集会条例を制定して弾圧に乗り出します。この頃政府では、国会の開設時期をめぐって即時開設を求める大隈重信と、時期尚早を唱える伊藤博文が対立していました。開拓使官有物払下げ事件が起きると、伊藤らは大隈を政府から追放する代わりに、国会開設の勅諭を出します。これを明治十四年の政変といいます。これ以後、民権運動は政党の結成へと進みます。

松方財政

この頃、テーマ19で学習したような不換紙幣や不換銀行券が大量に発行されてインフレとなっていたため、松方正義は増税する一方で、緊縮財政により余った紙幣の回収・整理を図りました。さらに日本銀行を唯一の発券銀行として設立すると、銀と交換できる紙幣を発行して、銀本位制を確立しました。しかし、デフレによる米価下落のため中小農民が地租を払いきれずに没落し、負債の減免を求める秩父事件など、貧農による激化運動が各地で見られるようになったのです。

21. 自由民権運動

～士族の反乱～

- 佐賀の乱 　　　　　1874年 → 江藤新平挙兵
- 敬神党(神風連)の乱 　1876年 → 廃刀令などへの反発
  萩の乱・秋月の乱
- 西南戦争 　　　　　1877年 → 西郷隆盛を首領とした
  　　　　　　　　　　　　　　旧薩摩藩士族による反乱

～政党の結成～

自由党 1881

中心：板垣退助
支持層：地方地主・士族

仏流の自由主義
急進論(天賦人権論)
主権在民
一院制
普通選挙

立憲改進党 1882

中心：大隈重信
支持層：都市商工業者
知識層

英流の穏健な
立憲主義
君民同治
二院制
制限選挙

隈

注意！

立憲帝政党 1882

中心：福地源一郎
支持層：僧侶・神官等・保守層

保守的な御用政党
主権在君
欽定憲法主義
制限選挙

～松方財政～ 1881～91年

背景　政府紙幣の増発と国立銀行券発行によりインフレーション
内容　増税の一方、緊縮財政で紙幣回収 → デフレーション
結果　米価下落のため中小農民が地租を払いきれず没落
　　　　　　　　　　　　　　　└→ 寄生地主制が発達

～貧農民権～

貧農民権の背景　　　：豪農が民権運動から撤退、指導力低下

福島事件　　(1882)：会津三方道路の工事に自由党員が反対運動展開。
　　　　　　　　　　県会議長河野広中を内乱罪で検挙

加波山事件　(1884)：栃木県令暗殺未遂、自由党解党の直因

大隈重信が離党(1884)：立憲改進党事実上の解党状態。

秩父事件　　(1884)：最大の激化事件。困民党1万人が蜂起し、警官隊・軍隊も
　　　　　　　　　　出動して鎮圧。松方財政による貧農の没落が原因。

大阪事件　　(1885)：大井憲太郎・景山英子らが朝鮮に独立党政権を樹立するために
　　　　　　　　　　渡航しようとして逮捕。前年の甲申事変で独立党が敗退したこと
　　　　　　　　　を受けての行動→日本の勢力を大陸に拡大する国権論と民権論の結合

テーマ**22** 日本の立憲体制

憲法制定過程

立憲体制とは、憲法に基づいて政治が行われ、政治権力が憲法によって実質的に制限されるしくみです。ヨーロッパに渡った**伊藤博文**は、近代国家の憲法や諸制度を学びます。特に参考としたのは、ドイツ流の憲法理論でした。帰国後はドイツ人**ロエスレル**を顧問として憲法草案の作成に取り掛かります。さらに**華族令**を制定して、従来の大名や公家の他に伊藤ら維新の功労者を華族に加えて**公爵・侯爵・伯爵・子爵・男爵**の爵位を与えました。将来の貴族院を設置する準備です。1885 年にはそれまでの**太政官制**に代わって**内閣制度**を導入、伊藤博文が初代の**内閣総理大臣**に就任します。

一方、**国会開設**の時期が近づくと、テーマ**21**で学習したように解散状態であった旧**自由党**と**立憲改進党**を結集させ、国会開設に備えようとする**大同団結運動**が起きました。さらに、**鹿鳴館**を建設して極端な**欧化政策**を推進する**井上馨**の条約改正への反発から、言論の自由・地租軽減・外交失策の挽回を要求する**三大事件建白運動**が盛り上がってきます。そこで政府は**保安条例**を制定して、民権派を東京から追放して対応しました。

大日本帝国憲法

伊藤博文らが起草した憲法草案は、後に天皇の最高諮問機関となる**枢密院**で審議されて、1889 年 2 月 11 日に**大日本帝国憲法**として発布されました。この日は**紀元節**とよばれる祝日で、初代の天皇にあたる神武天皇が即位したとされる日にあたります。

この憲法は、天皇が定め、国民に下賜するという**欽定憲法**という形式をとり、**天皇主権**が規定されて、天皇は国の**元首**として統治権のすべてを握るとされました。現在の**日本国憲法**が**国民主権**とされているのとだいぶ違いますね。とにかく天皇の権限が強く、**天皇大権**という議会の関与できない権限がありました。具体的には、**緊急勅令**の発令権や議会の招集や解散権、陸海軍の**統帥権**、宣戦・講和・条約締結権などです。現在の憲法と同じく**三権分立**を採用していましたが、大日本帝国憲法では三権は天皇のもとに集中し、行政権が強く、国務大臣は天皇に対してそれぞれ責任を負うものとされて、議会に対する責任は不明確でした。というのも、憲法には内閣や国務大臣の規定がなかったからです。帝国議会は皇族や華族などで構成される**貴族院**と、選挙により選ばれる**衆議院**の**二院制**がとられ、両院は対等とされました。ちなみに現在の憲法では、衆議院の優越が規定されています。裁判は「天皇の名に於いて」行われましたが、違憲審査権は当時の最高裁判所にあたる**大審院**ではなく枢密院にありました。

国民は**臣民**と規定され、法律の範囲内での言論・集会・結社・信教の自由が保障されています。ただ、法律の範囲内ですので、悪法が成立すると、自由はかなり制限されることになります。

憲法制定と同時に**衆議院議員選挙法**が制定され、選挙権は直接国税 15 円以上を納める満 25 歳以上の男子に限られました。また憲法の公布と同時に**皇室典範**も制定され、皇位の継承などについて規定が設けられました。その他、**刑法**、**民法**、**商法**なども制定されて、法治国家としての体裁が整えられましたが、民法は後に、家族道徳などの日本の伝統的な倫理が破壊されるという批判から、**家制度**を温存した封建主義的な内容に大幅に修正されました。

22. 日本の立憲体制

～大日本帝国憲法と日本国憲法の違い～

	大日本帝国憲法	日本国憲法
名称 発布	1889 / 2 / 11	1946 / 11 / 3
形式	欽定憲法	民定憲法
主権	主権在君	主権在民
天皇	国の元首にして統治権を総攬 天皇大権が明文化	国民統合の象徴
内閣	天皇を単独輔弼 天皇にのみ責任を負う	議院内閣制 国会にのみ責任を負う.
議会	協賛機関 貴族院と衆議院で構成（両院対等）	国権の最高機関 衆議院と参議院で構成（衆議院の優位）
国民の権利	法律の範囲内で保障	基本的人権が保障
軍隊	臣民に兵役の義務・統帥権の独立	平和主義・戦争放棄
改正	天皇にのみ改正発議権	国会が発議し、国民投票

起草しました

伊藤博文

～大日本帝国憲法下と日本国憲法下の首相の違い～

大日本帝国憲法		日本国憲法
規定なし	首相の選任	国会議員の中から国会の議決で指名
規定なし	資格	文民・国会議員
天皇を輔弼・国務各大臣と 同じ地位（罷免権がない）	首相の権限	国務各大臣を任命し、 任意に罷免できる.
統帥権は内閣から独立して 天皇に直属	軍部との関係	首相が自衛隊の最高指揮・監督権を 有する.

～初期議会～

・第1回総選挙	1890	→ 民党が議席の過半数獲得、政費節減・民力休養
・第一議会	1890	→ 第1次山県有朋内閣が民党の一部を切り崩し予算成立.
・第二議会	1891	→ 第1次松方正義内閣と民党が衝突して解散.
・第2回総選挙	1892	→ 内相品川弥二郎の選挙干渉 ⇒ 民党の優位変わらず.
・第2次伊藤博文内閣	1892～96	→ 自由党との提携

人類史に与えた感染症の影響

　突然ですが、人類史上で最も多くの人命を奪ったのは、戦争と感染症のどちらだと思いますか?

　じつはこれ、圧倒的に感染症なのです。感染症は、身分や貧富の差に関係なく人を死に至らしめるため、ひとたび感染爆発が起きると、けた違いの死者が出ます。歴史上、感染症の流行は、時代を動かす大きな要因だったのです。

　古代エジプトでは、**マラリア**が流行しました。ツタンカーメンの死因ともいわれています。エジプトではマラリアを媒介する蚊が大量発生しており、あのクレオパトラも蚊帳を使っていました。

　また、古代ローマは道路を舗装して主要都市を結んだため、人の移動が激しくなった結果、マラリアの感染拡大につながったともいわれます。そうして多くの人が命を落としたことが、キリスト教拡大の背景の一つでもあります。

　マラリアには、ゲルマン人も悩まされました。有名な人物だと、西ゴート王アラリックもマラリアで亡くなっています。ちなみに、ゲルマン人国家のうち、フランク王国が強大化したことの一因は、マラリアの流行地から離れていたからともいわれています。

　中世ヨーロッパで大流行した**ペスト（黒死病）**も有名ですね。ペスト菌に感染すると高熱が出て、体の表面にどす黒い斑点が現れ、やがて全身が真っ黒になって死に至ります。この黒さの原因は内出血です。

　14世紀の流行時には、じつに全人口の3分の1が死に、人口回復に200年を要したともいわれています。なお、当時、感染症の流行は天罰と考えられていたにも関わらず、カトリック教会は有効な対策を打てませんでした。こうして、カトリック教会の権威は失墜し、時代は中世から近代へと移行していきました。

　ちなみに、ペストは17世紀のロンドンでも流行しています（ロンドン大ペスト）。この当時ケンブリッジ大学の学生だったのが、あのニュートンです。彼は、ペスト流行により大学が休校になったため、故郷に帰省しました。万有引力の法則を発見したのは、そこで空いた時間を使ったときのことでした。これを「創造的休暇」とよびます。

　そして、今からおよそ100年前に大流行した感染症が**スペイン風邪（インフルエンザ）**です。当時の世界人口18億人中5億人が感染し、推定死者数は5000万人以上。第一次世界大戦の死者数が多く見積もって約1600万人ですから、その数をはるかに凌駕したことになります。これほどの被害だったために、スペイン風邪の流行は第一次世界大戦の終結を早めたともいわれるほどです。そして、まさに感染爆発の真っただ中で締結されたのが、あのヴェルサイユ条約でした。

第2部
国際秩序の変化と大衆化

「第1部」で見てきたように、近代化によって誕生した資本主義と、資本の投下先としての植民地需要の高まりは、列強による世界分割を推し進めていきます。植民地獲得において先行するイギリスやフランス。そのあとを追うドイツやロシア。そして、新たに台頭してきたアメリカ。それら大国の利益は世界中で複雑に絡み合い、さまざまな対立を引き起こしていきます。

そして、帝国主義が生み出すひずみが限界を迎えると、列強同士はとうとう、直接的かつ大規模な衝突に至りました。それが、2度にわたる世界大戦です。かつて人類が経験したことのない未曽有の大戦争は、戦闘に参加した国々を大きく疲弊させることとなりました。その結果、近代化以降形成されていたヨーロッパの列強を中心とした国際秩序は大きく変容していったのです。

大戦中にほとんど被害を受けなかったアメリカは、ヨーロッパ諸国の国力が相対的に下がったことも相まって、政治的にも経済的にも世界中に大きな影響力を及ぼしていきます。特に、第一次世界大戦後のアメリカでは、空前の好景気を背景に、大量生産・大量消費を特徴とする大衆社会の形成が進みました。

もう1つの大きな変化は、社会主義思想の台頭です。資本主義経済がもたらす格差拡大や弱者切り捨てなどを批判する考え方として登場してきた社会主義は、国家と独占資本が結びついた資本主義の矛盾が浮き彫りになると、いよいよその勢力を高めていきました。資本主義を否定し、平等な社会の実現を目指す社会主義の運動は、最終的に社会主義国家であるソ連の誕生として結実します。

近代化によって形作られてきた世界観や国際秩序が大きく揺れ動く時代がいよいよ始まります。

テーマ23 帝国主義時代の日本

朝鮮と清

日本は朝鮮に対して、テーマ20で学習したように 1876 年に日朝修好条規を締結して、朝鮮を「自主の国」と規定しました。しかし、朝鮮はいまだ清の属邦であると表明していたので、朝鮮をめぐる日本と清の対立は深まっていきました。そうしたなか、1882 年、朝鮮王朝の大院君らの支持を受けた兵士らが日本公使館を襲撃する壬午軍乱が起きました。鎮圧した清軍は、朝鮮を清の属邦に位置付ける協定を結んだのです。

続いて 1884 年には、親日派の金玉均ら開化派（独立党）が日本公使館の援助を受けて決起する甲申事変が起きました。再び、袁世凱指揮の清軍により制圧され、翌年、伊藤博文と李鴻章の間で天津条約が結ばれました。この結果、朝鮮からの日清両軍の撤退や、朝鮮への派兵が必要なときは相互に事前に通告することなどが取り決められたのです。

この頃、日本国内では個人の利益より国の利益を優先すべきだという国権論が台頭していきました。福沢諭吉が新聞『時事新報』で脱亜入欧を説く脱亜論を展開し、1890 年の最初の帝国議会で山県有朋首相が主権線にあたる国境のみならず、利益線にあたる朝鮮の確保を主張して、軍備拡張を唱えました。

日清戦争

1894 年、東学（朝鮮の独自性を主張する宗教）の信徒を中心に甲午農民戦争（東学の乱）が起きました。朝鮮政府は清軍に出兵を要請し、天津条約に基づき日本に通知され、日本軍も出兵しました。その後、日本は朝鮮の内政改革を要求して清と対立し、1894 年の豊島沖海戦を契機に交戦状態となり、清国に宣戦を布告して日清戦争が始まりました。兵士の訓練や兵器の統一性などでまさる日本軍は次々と勝利し、1895 年威海衛を占領して清の北洋艦隊を降伏させたのです。

1895 年、伊藤博文・陸奥宗光と李鴻章の間で下関条約が結ばれて、講和が成立しました。内容は、清は朝鮮の独立を承認する（清の宗主権の否定）、日本に遼東半島・台湾・澎湖諸島を割譲する、賠償金 2 億両を日本に支払う、などでした。しかし、ロシア・フランス・ドイツが遼東半島の還付を日本に要求した三国干渉の結果、日本政府は遼東半島を清に返還することになります。その後、ロシアへの敵愾心が増大し、「臥薪嘗胆」を標語として政府は対露軍拡を図ることとなりました。一方、台湾には、台湾統治官庁として台湾総督府を台北に設置しました。その後、朝鮮ではロシアに接近した閔妃を日本側が殺害し、日本寄りの政権をつくろうとしましたが、国王高宗がロシア公使館に逃げ込んでロシア寄りの政権が成立しました。その後、朝鮮は国号を大韓帝国と変え、高宗が皇帝に就任しました。

日清戦争後の政治

1898 年、わが国で初めての政党内閣である第 1 次大隈重信内閣が成立しました。しかし、大隈重信内閣は与党の憲政党が分裂し、わずか 4 カ月で総辞職します。代わった第 2 次山県有朋内閣は 1900 年、政党の力が軍部に及ぶのをはばむために、陸・海軍大臣を、政党に加入できる退役軍人からではなく現役の大将・中将から選ぶという軍部大臣現役武官制を定めました。この流れに乗じ、政党結成を目指していた伊藤博文は 1900 年に立憲政友会を結成しました。

23. 帝国主義時代の日本

～条約改正～

1891年 ・ロシアによるシベリア鉄道起工… ロシアの極東進出の意図が明確化
　　　　↳ イギリスはこれに対抗するために、日本との関係を深めようと条約改正交渉に積極化
　　　　☆青木周蔵外相：イギリス・ロシアの対立という情勢下、ほぼ無条件の法権回復をめざす

しかし…！ 大津事件がおきる… 起工式に向かう途中、訪日したロシア皇太子ニコライが、
　　　　　　　　　　　　　　　　日本の巡査に襲撃される　⇒ 青木は辞職

その後…… → 陸奥宗光外相が法権回復をめざす（※内地雑居の承認と引き換えに…）
　　　　　　　　　　　　　　　　　　↳ 外国人の国内旅行認可

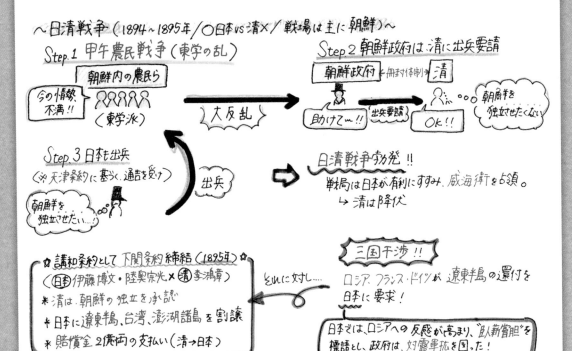

～日清戦争（1894～1895年／〇日本 vs 清×／戦場は主に朝鮮）～

Step.1 甲午農民戦争（東学の乱）

朝鮮内の農民ら
今の情勢 不満!!
（東学派）

大反乱

Step.2 朝鮮政府は清に出兵要請

朝鮮政府 ← 冊封体制 → 清

助けて～!!　出兵要請　OK!!　朝鮮を独立させたくない

Step.3 日本も出兵
（※天津条約に基づく、通告を受け）

出兵

朝鮮を独立させたい…!

日清戦争勃発!!
戦局は日本が有利にすすみ、威海衛を占領。
　↳ 清は降伏

☆講和条約として 下関条約締結（1895年）☆
（日本 伊藤博文・陸奥宗光×清 李鴻章）
＊清は、朝鮮の独立を承認
＊日本に遼東半島、台湾、澎湖諸島を割譲
＊賠償金 2億両の支払い（清→日本）

それに対し…

三国干渉!!
ロシア、フランス、ドイツが 遼東半島の還付を日本に要求！

日本では、ロシアへの反感が高まり、"臥薪嘗胆"を標語とし、政府は、対露軍拡を図った！

～日清戦争後の政治～

・1898年 第3次伊藤博文内閣：自由党と進歩党が合同し、憲政党結成
・1898年 第1次大隈重信内閣：最初の政党内閣！ → 憲政党分裂…
・1898～1900年 第2次山県有朋内閣：軍部大臣現役武官制を定める
・1900年 立憲政友会結成… 初代総裁は 伊藤博文
・1900～1901年 第4次伊藤博文内閣：自由党との提携

テーマ24 日本の産業革命

金本位制の確立

日本の産業革命は、テーマ20で学習したように政府自らが工業化の組織主体となっていました。1882年に**中央銀行**として**日本銀行**が設立されてテーマ19で学習した**国立銀行**から発券の権利を奪い、1885年には**銀兌換銀行券**が発行されて**銀本位制**が確立すると物価が安定して金利が低下し、産業界は活気づきました。日本銀行が普通銀行に融資するときの金利を**公定歩合**といい、公定歩合を引き下げることにより、普通銀行を通じて産業界に多くの資金を供給しました。この結果、鉄道や紡績を中心に、民間で会社設立ブームが起きたのです。このことを**企業勃興**といいます。

日清戦争後、巨額の賠償金を獲得したので、その一部を準備金として、ついに1897年に**金本位制**を確立しました。それまでは日本は銀本位制で欧米は金本位制のため、日本と欧米の貨幣は変動相場制だったのですが、同じ金本位制になったことで固定相場となり、物価の安定と**為替**レートの一定による貿易拡大を図りました。

鉄道業と海運業

鉄道業では、**華族**を主体として1881年に設立された**日本鉄道会社**が、政府の保護を受けて成功したことから、民間による会社設立ブームが起こりました。その結果、1889年には、鉄道の営業キロ数（営業している線路の長さ）で民営鉄道が官営を上回りました。日本鉄道会社が1891年に東京-青森間を全通させたのをはじめ、中国地方や九州にも民営鉄道が建設されて、日清戦争後には青森-下関間が連絡されました。

しかし、日露戦争後の1906年、軍事的・経済的な理由から政府は**鉄道国有法**を公布して、主要幹線の民営鉄道17社を買収して国有化しました。**海運**では、土佐藩出身の**岩崎弥太郎**が経営する**三菱**に手厚い保護を与えました。三菱は、後に共同運輸会社と合併して**日本郵船会社**となりました。

紡績業と製糸業

幕末以来、**綿製品**が輸入品の中心であったため、日本の綿糸や綿織物の生産は衰退していました。そこで、綿糸を生産する**紡績業**の拡大が大きな課題でした。1882年に**渋沢栄一**らが設立した**大阪紡績会社**が開業して、輸入の紡績機械を用いた大規模経営に成功しました。渋沢栄一は、当時さまざまな会社の設立を手掛けたことで知られている人物です。この後、大阪などで会社設立ブームが起きて、1890年には綿糸の生産量が輸入量を上回り、日清戦争頃から**中国・朝鮮**への綿糸輸出が急増し、ついに1897年には輸出量が輸入量を上回りました。つまり、綿糸は輸出品に転じたのでした。

このように**綿糸・綿織物**の輸出は増加したのですが、原料の**綿花**は中国やインドなどからの輸入に依存したため、貿易の**輸入超過**はむしろ増加したのです。それだけに国産の**繭**を原料として**生糸**輸出で外貨を獲得する**製糸業**の役割は重要だったのです。日露戦争後には、アメリカ向けを中心に生糸輸出がさらに伸び、1909年には清国を追い越して世界最大の生糸輸出国となりました。このように、明治中・後期の日本の産業は、紡績業と製糸業という2本足で成り立っていたのです。

24. 日本の産業革命

～重工業～

国の事業を民間（政商）へ売却すること

＊ 政商…官営事業の払い下げを受け、造船や鉱山に進出。のちに財閥に発展。

例 {
・三菱：長崎造船所や佐渡金山を払い下げ。
・三井：富岡製糸場や三池炭鉱を払い下げ。
}

＊ 官営人幡製鉄所…鉄鋼の国産化をめざして設立 ← 世界遺産に登録されている!!
　↳ 1901年操業開始 @福岡県北九州市

～労働運動～

＊ 1897年　労働組合期成会…高野房太郎らが結成した労働団体。
　　　　　　　　目的：労働組合の結成促進。
　　　　　　　　熟練労働者を中心とする労働者の組合結成に影響を与えた。

＊ 1900年　治安警察法…労働者の団結権、ストライキ権を制限 }
＊ 1911年　工場法　…日本初の労働者保護法　　　　　　　} まさにアメとムチ…!!
　　　　　　　（※ただし、施行は5年延期→1916年）

～農村と地主制～

◎ 米の生産力上昇…特に、日清戦争後、中国からの輸入がはじまった。大豆粕などの金肥の投入が1つの要因。
　しかし ⇓
　　生産量の増加 < 都市人口の増加 !! ➡ 生産量が追いつかず……
　そこで ⇓
　　台湾・朝鮮から、米を輸入

◎ 寄生地主制の進展…1880～90年代は、小作地が増加
　↳小作農は、家計補助のため、子女を工場に
　　労働力供給〈ex. 製糸女工〉

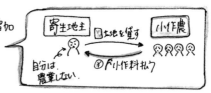

～学校教育の進展～

＊ 1886年　学校令…小学校令、中学校令、師範学校令、帝国大学令の総称
　　　　　↳学校体系の基盤が確立。義務教育を、尋常小学校4年とした。

〈主な学校〉

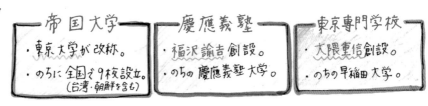

帝国大学	慶應義塾	東京専門学校
・東京大学が改称。	・福沢諭吉創設。	・大隈重信創設。
・のちに全国で9校設立。(台湾・朝鮮を含む)	・のちの慶應義塾大学。	・のちの早稲田大学。

テーマ 25 帝国主義時代の欧米

帝国主義とその背景

帝国主義とは、19世紀後半以降、欧米列強（れっきょう）が領土や植民地の拡大を求めて海外に進出した動き全体を表す言葉です。こうした活動の背景には、同時期に起きた**第2次産業革命**があります。テーマ**10**で確認したように18世紀末の**イギリス産業革命**は機械や工場を導入し、綿製品を大量生産してそれを輸出することで発展しました。その後、19世紀後半の欧米では、石油や電力を主な動力源として、鉄鋼・造船・機械などの**重工業**と、石油などを加工する**化学工業**とが合わさった**重化学工業**を中心とする産業技術の革新が生じたのです。

第2次産業革命によって産業が大規模化すると、各国は植民地を求めて海外へ進出していきました。これが帝国主義時代の始まりです。各国は植民地を獲得することで、物を売る場所（市場）及び工業生産に必要な原材料を確保し、資本輸出を実施しました。欧米列強は植民地に工場を建設して、現地の安い労働力を使った安価な商品生産を行おうと考えたのです。

列強各国の帝国主義

1870年代後半のイギリスでは、**保守党**のディズレーリ内閣のもとで、自由貿易から帝国主義政策への転換が図られました。インド帝国などのアジア植民地地域との接続を強化するために、エジプトやアフリカなどの方面にも進出し、世界各地に広大な植民地を持つ大帝国へと成長を遂げていくことになります。

第三共和政成立以降のフランスは、さまざまな社会主義運動が展開される混乱状態でしたが、共和派が優位に立つにつれて政情が安定してきました。この第三共和政のもとでアフリカと東南アジアへ進出します。

ビスマルクにより統一を達成したドイツ（➡ テーマ**14**）では、**普仏戦争**（ふふつ）でフランスから獲得した多額の賠償金や**アルザス・ロレーヌ**地方の豊富な鉱産資源をもとに、工業の発展期を迎えていました。ビスマルクは、国内産業を育成するための**保護関税法**を制定するなど、ドイツをアメリカに次ぐ世界2位の工業国へと押し上げます。しかし、他の列強と同様に植民地政策を推進したい**ヴィルヘルム2世**は、ビスマルクを辞職に追い込むと、「世界政策」を掲げて海軍を増強していきました。

クリミア戦争での敗北（➡ テーマ**14**）によって黒海方面への南下に失敗したロシアは、方針を転換してバルカン半島方面への進出を図り、**ロシア＝トルコ戦争**を起こします。ロシアはこの戦争に勝利しますが、1878年の**ベルリン条約**によって、その成果の多くを放棄させられました。南下政策を断念したロシアは**シベリア鉄道**の建設に着手し、東アジア方面へ矛先を向けます。ロシアのシベリア進出は、1904年の**日露戦争**（にちろ）へと着地していくことになります。

19世紀末には世界第1位の工業国となったアメリカ合衆国は、**西部開拓**が終了すると、対外進出の段階へと突入します。まずはカリブ海への進出を企み、中南米に影響力を持っていたスペインに戦争を仕掛けました。これを**アメリカ＝スペイン戦争**といいます。この戦争に勝利してキューバを保護国化した後も、**セオドア＝ローズヴェルト**は**棍棒外交**（こんぼう）とよばれる強硬的（きょうこうてき）な姿勢でカリブ海での影響を強め、太平洋進出の基盤となる**パナマ運河**の建設に着手します。

25. 帝国主義時代の欧米

〜第2次産業革命〜

＜主な発明とその発明家＞

* 製鉄業 …… 英ベッセマー：より硬度の高い鉄鋼を安価に製造可能に
* 電気 …… 英ファラデー：電磁誘導の原理を解明
  * 独シーメンス：電動モーターを発明
* 内燃機関… 独ダイムラー：ガソリンエンジンの完成 → 自動車に搭載!!
  * 独ディーゼル：内燃機関を小型化
* ダイナマイト …… スウェーデンノーベル：ダイナマイトを発明
* 通信 …… 米モールス：電気信号による電気通信に成功
  * 伊マルコーニ：無線通信を発明 → 通信革命

MEMO
ノーベル賞は、
ノーベルの遺言に
従って実施される
ようになった!!

〜独占資本の形成〜

ドイツ
・クルップ家：鉄道・機械・造船・大砲など 軍需産業で発展
・シーメンス商会：電動モーターを発明したシーメンス創業 → 電気通信部門の3独占企業へ発展

アメリカ
・カーネギー家：アメリカ最大の製鉄会社
・ロックフェラー財団：アメリカの石油業の9割を独占
・モーガン商会：鉄道・製鉄・金融に至る一大コンツェルン〈財閥〉

〜列強の労働運動〜

イギリス
・フェビアン協会
　↳知識人中心。改良主義的な社会主義団体。
・労働代表委員会
　↳社会主義団体と労働組合の代表が合流。
・労働党
　↳議会を通じて社会主義改革をめざす。

ドイツ
・ドイツ社会主義労働者党
　↳世界初の社会主義政党
・社会主義者鎮圧法
　↳皇帝狙撃事件を口実に、ビスマルクが制定
・ドイツ社会民主党
　↳当初マルクス主義 ⇒ 次第に修正主義へ

フランス
・サンディカリズム
　↳議会や政党を否定。
　　労働者の直接革命を重視。
・フランス社会党
　↳社会主義諸派が結成。
　　サンディカリズムと対立。

ロシア
・ロシア社会民主労働党
　↳マルクス主義的社会主義の実現が目標
　　分裂
　　＊ボリシェヴィキ：急進的な武装革命を重視
　　　〈指導者…レーニン〉
　　＊メンシェヴィキ：民主主義的な穏健革命を重視
　　　〈指導者…プレハーノフ〉
・社会革命党 ※ナロードニキの一派
　↳テロリズムによる専制政治の打倒をめざす

第0章
第1章
第2章
第3章
第4章
第5章
第6章
第7章
第8章
第9章
第10章

テーマ26 列強の世界分割と国際対立

アフリカ分割

16世紀頃から、**大西洋三角貿易**（➡テーマ**9**）のなかで、ヨーロッパ列強はアフリカ大陸を奴隷の供給地と見なしてきました。しかし、**19世紀**に入ると、黒人への非人道的な扱いを非難する風潮が高まり、奴隷制度は廃止されます。

列強は、奴隷供給地以外の価値を見いだすべく、アフリカの探検を進めました。**リヴィングストン**やスタンリーなどの探検が代表的です。こうした開拓により、アフリカでは**鉄鉱石・銀・ダイヤモンド・ゴム**といった資源が豊富に産出することが明らかになりました。

ベルギー国王のコンゴ領有宣言をきっかけとして、**アフリカ分割**に関する**ベルリン会議**が1884年に開かれます。この会議では、先に領有を宣言した国が占有する権利を有するという**先占権**をアフリカにおいて認めることが確認されました。

イギリスはすでに保護国化していたエジプトを拠点に、そこからの南下を開始して**スーダン**に侵攻します。またアフリカ南部からは、**ケープ植民地**を拠点として、金やダイヤモンドの産地である北側の地域に戦争を仕掛けました。ここは**ブール人**の支配地域でした。**1910**年には**南アフリカ連邦**が成立して、この地域一帯はイギリスの**自治領**となります。イギリスのこうした南北からアフリカに進出する政策を**アフリカ縦断政策**とよび、その狙いは**ケープタウン・カイロ・カルカッタ**の3都市を結びつける**3C政策**によってインドへ接続するルートを強化することにありました。

一方、フランスは、以前から植民地化していた**アルジェリア**を起点に東西へと勢力を拡大していきます。これを**アフリカ横断政策**とよびます。この横断政策はイギリスの縦断政策と衝突し、**1898**年に**ファショダ事件**が生じます。あわや戦争という事態に発展しましたが、この時期のフランスはドイツと対立を深めており、フランスがイギリスに譲歩することで決着がつきました。両者はこの後急速に接近し、**1904**年には**英仏協商**が結ばれます。この利害関係の変化を次の項目で確認しましょう。

列強の対立

19世紀後半のヨーロッパでは、**ビスマルク外交**とよばれる、**ドイツ・オーストリア・イタリア**の**三国同盟**と、**ドイツ・ロシア**の**再保障条約**などを基調とするフランスの孤立化が図られる一方で、「**光栄ある孤立**」の方針のもと、どの国とも同盟を結ばないイギリスという国際関係が成立していました。

ところが、ドイツで**ヴィルヘルム2世**（➡テーマ**25**）が即位し「**世界政策**」を推進すると、状況は一変します。ヴィルヘルム2世はロシアとの再保障条約の更新を拒否し、これを見たフランスは孤立状態から脱するチャンスと考え、**露仏同盟**を結びます。また、ドイツの海軍拡張はイギリスにプレッシャーを与え、**1904**年には**英仏協商**、**1907**年には**英露協商**が結ばれました。こうしたドイツに対抗する**フランス・イギリス・ロシア**の包囲網を**三国協商**とよびます。

ヨーロッパの国際関係は三国協商と三国同盟の対立関係を軸に二極化していきます。しかしこのとき、三国同盟の加盟国であるオーストリアとイタリアは領土問題を抱えていたのです。以上の対立関係をもとに、**列強**は**第一次世界大戦**へと突入することとなります。

26. 列強の世界分割と国際対立

〜縦断政策と横断政策〜

◎ イギリスのアフリカ縦断政策 ◎

★ スエズ運河会社株の買収（1825年）

　↳ 英 はエジプト進出を強化

> スエズ運河…
> 地中海と紅海をつなぐ運河
> 移動時間（航海時間）が
> 圧倒的に短縮!!

　　{ ＊ ウラービー運動（1881〜82年）：エジプト最初の反英運動
　　　　↳ 英 はこれを鎮圧し、エジプトを軍事占領 ⇒ 事実上の保護国化

　　{ ＊ マフディーの反乱（1881〜98年）：スーダンのイスラーム教徒が反英闘争を開始
　　　　↳ 英 はこれを鎮圧し、スーダンを征服 ⇒ 英・エジプト で共同統治

★ ケープ植民地：ウィーン議定書でオランダ領 → イギリス領へ

　＊ 南アフリカ戦争（1899〜1902年）… 植民地相ジョゼフ＝チェンバレンが推進

> ケープ植民地首相 セシル＝ローズを支援

　　↳ ・ケープ 　　北方のトランスヴァール共和国・オレンジ自由国を征服
　　　・南アフリカ連邦成立（1910年）⇒ 英 の自治領に

◎ フランスのアフリカ横断政策 ◎

★ アルジェリア領有（1830年）… シャルル10世が国民の支持を得るために強行したアルジェリア出兵で獲得

★ チュニジア保護国化（1881年）… ベルリン会議で先占権を承認され、保護国化

★ ジブチ植民地化（1896年）… アフリカ東岸（紅海とインド洋の狭間）の海港都市
　　　↳ 仏 は西進し、南スーダンに進出

　▶▶▶ 結果… ファショダ事件：イギリスとフランスがスーダン南方で衝突!!
　　　　　　　　　↳ ドイツの進出を警戒したフランスが譲歩 ⇒ スーダンは英領に

〜3C政策と3B政策〜

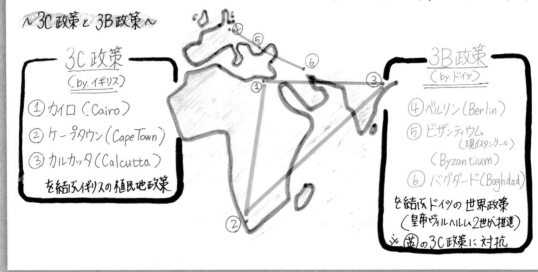

━ 3C政策 ━
（by. イギリス）

① カイロ（Cairo）

② ケープタウン（Cape Town）

③ カルカッタ（Calcutta）

を結ぶイギリスの植民地政策

━ 3B政策 ━
（by. ドイツ）

④ ベルリン（Berlin）

⑤ ビザンティウム
　（現イスタンブール）
　（Byzantium）

⑥ バグダード（Baghdad）

を結ぶドイツの世界政策
（皇帝ヴィルヘルム2世が推進）

※ 英 の3C政策に対抗

テーマ27 帝国主義時代の東アジア

中国分割

1894年に始まった**日清戦争**に日本が勝利すると、敗れた中国は多額の**賠償金**を支払うことになり、そのお金を調達するために列強に多額の借金を負います。その際の担保として、列強は清から**鉄道敷設権**や**鉱山採掘権**を獲得します。加えて日本を含む列強は多くの領土を**租借**（一定期間借りること）という形で清から奪っていきました。

その後の清では、ずっと格下に見てきた日本に敗北したことに衝撃を受け、**変法**とよばれる**近代化改革**が始まります。19世紀末期に清の皇帝となった**光緒帝**は、**康有為**らを官僚に登用し、日本の**明治維新**を模範とした改革を進めました。この**立憲君主制**の樹立を目指す運動を**戊戌の変法**といいます。しかし、この変法運動は**西太后**を筆頭とする保守派によって弾圧されてしまいました。この出来事を**戊戌の政変**といいます。

義和団戦争

進む中国の植民地化に対し、中国国内では外国勢力を排除しようとする動きが生じます。「**扶清滅洋**」を掲げる宗教集団である**義和団**は、ドイツ人宣教師殺害事件を起こすなど**反キリスト教運動・排外運動**を起こしました。なんと清朝は義和団を利用して外国勢力を排除しようと考え、1900年には欧米や日本に宣戦布告をします。列強は**8カ国連合軍**による出兵を行い、義和団を鎮圧して彼らに占拠されていた**北京**を奪還します。これを**義和団戦争**といいます。

敗れた清は、列強との間に**北京議定書**を締結することになり、清はさらなる巨額の賠償金支払いを課せられたほか、外国軍隊の**北京駐屯権**を承認しました。これにより、中国は**半植民地化**されてしまったのです。

日露戦争

義和団鎮圧に乗じ、ロシアは**中国東北地方**である**満洲**占領を実行し、事件後も軍隊を引きあげませんでした。満洲の南には朝鮮があり、このロシアの動きに猛反発したのが朝鮮に進出していた**日本**です。

テーマ23で見た通り、日清戦争で勝利した日本は、清に朝鮮の独立を承認させており、朝鮮は1897年には独立国として**大韓帝国**という国号を採用していました。日本の狙いは、朝鮮を中国から独立させた上で、朝鮮への進出を強めることにありました。

日本とロシアの対立は深まり、1904年に日本がとうとう攻撃を仕掛け、**日露戦争**が始まります。列強のロシアが圧倒するかと思われたこの戦争でしたが、1905年の**日本海海戦**でロシアが誇る**バルチック艦隊**が日本海軍に敗れ、ロシア軍は徐々に劣勢に立たされていきました。そしてロシア国内では戦争への不満から**1905年革命**も発生し、戦争継続困難となりました。ロシアは、1905年にアメリカ大統領**セオドア＝ローズヴェルト**の仲介で**ポーツマス条約**を日本と締結、講和しました。

この条約により、日本は**韓国の指導・監督権**を獲得したほか、**遼東半島南部**にあたる**旅順・大連租借権**、**北緯50度以南の樺太**、さらに**長春以南の鉄道利権**を獲得しましたが、賠償金は得られませんでした。

27. 帝国主義時代の東アジア

～列強による中国分割～ （※租＝租借地、勢＝勢力範囲、鉄＝鉄道の敷設権）

┌ ロシア ┐
- 租 遼東半島南部 (旅順・大連)
- 勢 中国東北地方 (満州)、内蒙古
- 鉄 東清鉄道

┌ ドイツ ┐
- 租 膠州湾 → 青島市建設
- 勢 山東半島
- 鉄 膠済鉄道

┌ イギリス ┐
- 租 威海衛 … 対ロシア
  九竜半島 (新界) 全域
- 勢 長江流域
- 鉄 津浦鉄道

┌ フランス ┐
- 租 広州湾
- 勢 広東、広西、雲南
- 鉄 雲南鉄道

┌ 日本 ┐
- 台湾、澎湖諸島
  ↳ 日清戦争 (下関条約) で割譲
- 勢 福建省
- 鉄 なし

これに対し、出遅れた、アメリカの国務長官ジョン＝ヘイは.

門戸開放宣言
- 門戸開放
- 機会均等
- 領土保全

を提唱！

～義和団戦争から日露戦争の流れ、ポーツマス条約～

| 1900～01年 | 義和団戦争 … 「扶清滅洋」がスローガン |

↳ 清朝は、義和団と結託もし、列強に宣戦布告
↳ 列強の 8ヵ国連合軍 による出兵

\清を扶けて、洋を滅ぼす!!/
義和団 ⇔ ♥ 清
英米露蘭伊印 独仏墺伊日

| 1901年 | 北京議定書の調印 (清＝列強) |

↳ 列強の北京駐兵権承認。清は莫大な賠償金の支払い
↳ ロシアの満州占領 … 義和団戦争後も満州から撤退せず

| 1902年 | 日英同盟 …… イギリスはロシアを警戒し、「光栄ある孤立」を放棄 |

°。どことも同盟しない！
大英帝国の建設 (植民地政策) が優先!!

| 1904～05年 | 日露戦争 （○日本 vs ロシア✗） |

| 1905年1月 | 血の日曜日事件 ⇒ 第1次ロシア革命 (at. ロシア) |
| 1905年5月 | 日本海海戦 … 日本は快勝するも、国力の限界に直面 |

両国とも戦争継続が困難に.

⬇

| 1905年9月 | ポーツマス条約 締結 （※米 セオドア＝ローズヴェルト 大統領が 仲介） |

内容
- 日本の韓国保護権 (朝鮮における優先権) の承認
- 遼東半島南部 (旅順・大連) の租借権と関連する権利を日本に譲渡
- 南満洲鉄道 (東清鉄道 支線の長春以南) の利権を日本に譲渡
- 北緯50度以南の樺太を日本に譲渡 → 沿海州の漁業権を日本に譲渡

※ただし、ロシアは、賠償金の支払いに関しては 拒否!!

テーマ28 アジア各地の民族運動

辛亥革命

義和団戦争の後、中国では光緒新政とよばれる改革が行われました。新軍とよばれる西洋式軍隊の整備、官僚登用試験である科挙が廃止され、代わりに官僚養成機関として北京大学が創設されたほか、1908年には日本の明治憲法を模範とした憲法大綱も発布され、国会開設公約も出されました。一方で、憲法大綱は皇帝の権限を大幅に強化する側面もあり、国内では民衆の不満が高まりました。国外では華僑とよばれる海外へ渡航した中国人や、欧米・日本など先進国に派遣されていた留学生たちを中心に、清朝を打倒しようとする動きが起こります。中国の革命家孫文は、複数の革命団体をまとめあげ、1905年に東京で中国同盟会を結成しました。中国同盟会は孫文を総理に選出し、民族の独立・民権の伸張・民生の安定の三民主義を理念として革命運動を始めます。

1911年には、清朝による幹線鉄道国有化宣言がなされました。テーマ27で見た通り、国有化した鉄道を担保に外国から借金することが狙いでした。中国の民衆は国有化に反発し、四川暴動などの反対運動を起こすと、さらに中国の湖北省にいた軍隊が清朝を裏切り、武装蜂起して独立を宣言しました。これを武昌蜂起といいます。武昌蜂起の影響で、中国各地の省が次々に独立を宣言する事態となり、さらに各省の代表者は団結して1912年に中華民国を建国しました。その臨時大総統として孫文が選ばれ、都は南京に置かれました。清朝は袁世凱を総理大臣に起用して中華民国に対抗しようとしましたが、袁世凱は孫文と取引して清朝の宣統帝（溥儀）を退位に追い込んでしまいました。

こうして皇帝政治を終わらせた中国でしたが、その後は袁世凱の帝政による独裁政治やそれに反発した第2・第3の革命を経て、各地の軍事集団（軍閥）が政権を争奪し合う不安定な状態に突入します。

インドの反英運動

イギリス支配下のインド帝国では1885年にインドの知識人らによるインド国民会議が結成されます。当初、イギリスは植民地支配を円滑に進めるために彼らと友好的な関係を築いていましたが、1905年のベンガル分割令など宗教対立をあおる政策をとると、インド国民会議は次第に反英的な性格を帯びていきます。そこでイギリスはイスラーム教徒の政治団体である全インド＝ムスリム連盟の結成を支援し、宗教対立をあおります。以降インドではヒンドゥー教徒とイスラーム教徒の対立関係が顕在化します。

東南アジアの民族運動

フランス支配下のベトナムでは1904年、ファン＝ボイ＝チャウを中心に、明治維新を達成した日本へ留学生を送るドンズー（東遊）運動が展開されましたが、フランスと日本の接近によって挫折してしまいました。インドネシアではイスラーム教徒らによってイスラーム同盟（サレカット＝イスラーム）が結成され、オランダに対して自治を要求していきました。スペインに支配されていたフィリピンでは、19世紀後半に活躍した民族活動家のホセ＝リサールがスペイン軍に銃殺されたことをきっかけにフィリピン革命が勃発します。この革命を支援したアメリカがスペインと戦争を起こすと、アメリカの援助でフィリピン共和国が建国されましたが、戦争終結後、フィリピンはアメリカに支配されてしまいます。

28. アジア各地の民族運動

~辛亥革命の流れ~

| 1905年 | 孫文は東京で"中国同盟会"を結成（革命運動を結集！）|

★スローガン：三民主義（民族の独立,民権の伸張,民生の安定）

満洲人王朝の清を倒し、漢民族による、国民のくらしが安定した共和国をつくる！

孫

| 1911年 | 清朝は幹線鉄道国有化 → 借款（外国に対する借金）の担保とする |

↳同年5月. 四川暴動… 国有化に反対した武装蜂起

やがて、全国に波及…！

| 1911~12年 | 辛亥革命 |

きっかけ：武昌の軍隊の蜂起 → 湖北省が清朝からの独立を宣言

↓

(1) 中華民国 建国（首都：南京、臨時大総統：孫文）

(2) 孫文・袁世凱の密約 ➡ 宣統帝（溥儀）退位 ＝ 清朝の滅亡

結果：北京政府成立（@北京、臨時大総統：袁世凱）

↳独裁色強…孫文は"国民党"を結成し、国会議員選挙で圧勝

↳袁世凱はこれを弾圧した。

| 1913年 | 第二革命… 孫文らは革命勢力を結集できず、鎮圧される → 袁世凱が正式に大総領に就任 |

| 1914年 | 孫文は東京で"中華革命党"を結成 → 革命勢力の再建をめざす. |

~朝鮮の植民地化と反日運動~

☆ 第1次日韓協約：日露戦争の勃発が契機。外交・財政に日本政府派遣の顧問をおく.

☆ 第2次日韓協約：ポーツマス条約の内容に基づく.

POINT!! 韓国の在外交権をうばう → 保護国化。韓国統監府をおく（※初代統監：伊藤博文）

⇒ 反日闘争が各地で激化 ┌→ ハーグ（オランダ）でひらかれた

⇒ ハーグ密使事件：韓国皇帝高宗が第2回万国平和会議に密使を派遣し、抵抗 → 失敗

☆ 第3次日韓協約：内政権をうばう ⟶ 伊藤博文がハルビン駅で安重根に暗殺される

★ 韓国併合… 朝鮮統督府の設置 ⟶ 軍事・行政の全てを統括

~インド民族運動の展開~

| 1885年 | 第1回インド国民会議（@ボンベイ）… 商人や知識人（主にヒンドゥー教徒）らを中心とする組織 |

↳のちに国民会議派となる.

| 1905年 | ベンガル分割令… ベンガル州をヒンドゥー教徒 イスラーム教徒の居住地域に分割 |

イギリス人 インド総督による

⇒ 反英闘争が激化！国民会議派も反英に！

| 1906年 | ＊ 国民会議派カルカッタ大会（指導者：ティラク）… 日露戦争における日本の勝利の影響 |

↳4網領を採択：英貨排斥 スワデーシ（国産品愛用）・スワラージ（自治）・民族教育

＊ 全インド＝ムスリム連盟… イギリスの支援もあり結成（親英的）※のちに国民会議派と協定

テーマ29 第一次世界大戦前夜〜開戦

ヨーロッパの火薬庫

テーマ26で確認した列強の二極化を覚えているでしょうか? 三国同盟と三国協商の対立でしたね。20世紀初頭、バルカン半島はこれら列強の利害対立や各地の民族運動とが複雑に絡まり、一触即発のとても危険な状態、すなわち「ヨーロッパの火薬庫」でした。バルカン半島に対し、特に高い関心を向けていたのがドイツとロシアです。イギリスの3C政策に対抗心を燃やすドイツは、ベルリンからビザンティウム経由でバグダードまで最短距離で結ぶ3B政策を掲げていました。そしてロシアは日露戦争での敗北以降、再びバルカン半島方面への進出を狙っていました。

1908年、青年トルコ革命によるオスマン帝国の混乱に乗じてブルガリアが独立を宣言しました。さらにオーストリアがボスニア・ヘルツェゴヴィナ併合を断行しました。ボスニアは多数のセルビア人が住んでいたこともあり、セルビアでは反オーストリアの機運が高まりました。その後、セルビアはロシアの支援を受けバルカン同盟を結成すると、オスマン帝国に対し戦争を仕掛けます(第1次バルカン戦争)。その領土分配に不満を持ったブルガリアとセルビアなどの間で第2次バルカン戦争が起こると、戦いに敗れたオスマン帝国とブルガリアはドイツ・オーストリアに急接近します。このように、ドイツとロシアの対立がバルカン半島へ拡大していったのです。

第一次世界大戦の勃発

1914年、オーストリア帝位継承者夫妻は、陸軍の軍事演習を視察するため、ボスニアの州都サライェヴォを訪れていました。上の項目で、この地はオーストリアによって、無理やり併合されたことを確認しました。なんと、この視察を好機とした反オーストリア派のセルビア人青年によって夫妻が銃殺される事件が起きてしまいます。これがサライェヴォ事件です。

オーストリアはセルビア政府を非難し、これにセルビアが抵抗する姿勢を見せたため、1914年7月末、ついにオーストリアはセルビアに宣戦布告しました。これを受けてロシアがセルビア支援に動き出し、それに反応したドイツが8月にロシアに宣戦布告すると、同盟関係にあるイギリスやフランスも次々と参戦していきました。第一次世界大戦の勃発です。

ロシアとフランスにはさまれ、不利な状態だったドイツは短期決戦作戦を実行します。ドイツは西部戦線に軍を集結させて中立国ベルギーに侵攻し、一気にフランスへなだれ込みました。しかし、パリ目前でフランス軍に侵攻を食い止められると、以後は塹壕戦に突入し、膠着状態に陥ります。一方東部戦線では、想定より早く侵攻してきたロシア軍をドイツ軍が撃破してそのままポーランドへ侵攻しました。しかし、ドイツ軍がロシア領内で敗北を喫すると、この戦線もまた膠着状態に陥りました。

日本の参戦とイタリアの裏切り

1914年、日英同盟を口実に日本が参戦して中国のドイツ領を攻撃し、膠州湾や青島を占領しました。大戦中、日本の第2次大隈重信内閣は、中国に対して二十一カ条の要求とよばれるさまざまな要求を突きつけ、アジアにおける勢力拡大を進めました。また、ドイツ・オーストリアと同盟関係にあったはずのイタリアは、オーストリア領内の「未回収のイタリア」の一部を割譲することと引き換えに、三国同盟を離脱して協商国側で参戦しました。

29. 第一次世界大戦前夜〜開戦

〜バルカン同盟〜

→ セルビア、ブルガリア、モンテネグロ、ギリシア

※ のちに、オーストリアに接近

バルカン半島MAP

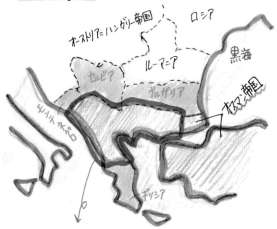

バルカン戦争後、オスマン帝国が失った領土

MEMO 目ᘉ

✿ 第1次バルカン戦争 ✿

→ ○バルカン同盟 vs オスマン帝国 ×

オスマン帝国から領土 獲得！

↓ しかし…
分配をめぐって 戦争に…

✿ 第2次バルカン戦争 ✿

→ ×ブルガリア vs 他のバルカン同盟諸国○

オーストリアに接近

〜同盟国と 協商国〜

同盟国

- ドイツ、オーストリア…… 三国同盟
- ブルガリア、オスマン帝国（トルコ）

VS

協商国

- イギリス、フランス、ロシア…… 三国協商
- ポルトガル、ルーマニア、ギリシア、セルビア…
- イタリア… オーストリアと「未回収のイタリア」を
  めぐって争っていたこともあり、
  三国同盟を裏切って、協商国側に
  参戦。
- アメリカ… ドイツの無制限潜水艦作戦
  を受けて、協商国側に参戦。
- 日本… 日英同盟に基づき、協商国側で参戦

中立国

ベルギー、オランダ、スペイン、ノルウェー、
スウェーデン など

第0章
第1章
第2章
第3章
第4章
第5章
第6章
第7章
第8章
第9章
第10章

テーマ30 アメリカの参戦と大戦の終結

アメリカの参戦

各国が国力のすべてを戦争に投入するという**総力戦**となった**第一次世界大戦**において、1917年、ドイツは**無制限潜水艦作戦**を開始しました。ドイツが指定する水路以外を航行する船は無警告で無差別に撃沈するという作戦です。これにより被害を受けた**アメリカ**が協商国側での参戦を表明しました。

参戦に際して、当時のアメリカ大統領**ウッドロー＝ウィルソン**は、第一次世界大戦の講和のための原則である**十四カ条**を発表し、後に締結される講和条約（**ヴェルサイユ条約**）に大きな影響を与えていきます。

アメリカが参戦した後、ロシアでは国内で革命が進展していたこともあり、**ソヴィエト政権**はドイツなど同盟国勢力と**ブレスト＝リトフスク条約**という**単独講和**条約を結び離脱してしまいました。アメリカ参戦と同じ1917年に交渉が始まり、翌年に成立した条約です。

ロシアは離脱しましたが、アメリカの参戦による協商国側の有利は決定的でした。1918年の秋には**ブルガリア・オスマン帝国・オーストリア**が次々と降伏、苦境に立たされたドイツでは、国内で**ドイツ革命**が発生しました。戦争の継続を拒否する**キール軍港の水兵反乱**が起き、革命運動が全国に広がったのです。

ドイツ各地では、兵士や労働者の代表者が集まる**レーテ（評議会）**が成立し、革命を推進していきました。革命の影響は首都ベルリンにまで及び、ついに皇帝**ヴィルヘルム2世**は亡命します。こうして**ドイツ帝国**は崩壊し、**ドイツ共和国**となりました。共和国の臨時政府は協商国と**ドイツ休戦協定**を結び、第一次世界大戦は終結を迎えたのです。

第一次世界大戦の帰結

第一次世界大戦を通して、オーストリア＝ハンガリー帝国やドイツによるヨーロッパの民族支配は瓦解し、多くの民族が独立していくこととなります。また、協商国（連合国）側で参戦した国の多くの植民地地域では、戦争への協力を強いられたのにも関わらず自治の実現がいっこうに進まないことから、民族独立運動が強まっていくこととなります。

総力戦に発展した戦争による国土の荒廃は、ヨーロッパ諸国の国力を大いに減退させることとなり、これまでのヨーロッパ列強を中心とした国際秩序は崩壊を迎えます。

こうした変動のなかで、政治的にも経済的にも、世界の秩序に対する影響力を高めたのが**アメリカ**です。その発言力はイギリスをも上回り、大戦後の国際秩序はアメリカが先導していくことになります。また、**社会主義国**となったロシア（→ テーマ31）は、資本主義や帝国主義を掲げる列強に真っ向から対立する存在として、その影響力を高めていったほか、アジアや太平洋地域では、日本が存在感を増していき、戦後の国際秩序は多極化していきました。

30. アメリカの参戦と大戦の終結

~第一次世界大戦中の布告~

レーニン

"平和に関する布告（→ テーマ31 ）"…ロシア革命の指導者レーニンが発表
- 「無併合・無償金・民族自決」を提唱
- 連合国はこれを黙殺
  - ↳ レーニンは、大戦中の秘密条約を暴露

ウィルソン

ノーベル平和賞受賞！！

"十四ヵ条（の平和原則）"…アメリカ大統領ウィルソンが発表
- レーニンの平和に関する布告に対抗
  - →「勝利なき平和」を理想とし、大戦終結のための平和原則を提唱
- 「軍備縮小、民族自決、国際平和機構の設立、秘密外交の廃止」など

~イギリスの秘密条約~

※ <u>フセイン・マクマホン協定</u>（1915年）
…オスマン帝国内に、アラブ人の独立国家の建設を約束

※ <u>サイクス・ピコ協定</u>（1916年）
…オスマン帝国領を、イギリス・フランス・ロシアで分割することを約束

}のちに、矛盾していることが発覚し、アラブ側憤激！

〈 オスマン帝国分割案 〉

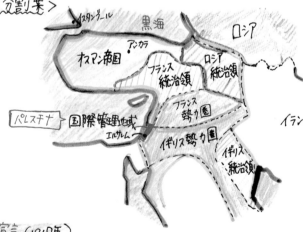

※ <u>バルフォア宣言</u>（1917年）
…パレスチナにユダヤ人の「民族的な郷土」建設を許可

第0章
第1章
第2章
第3章
第4章
第5章
第6章
第7章
第8章
第9章
第10章

テーマ31 ロシア革命とソ連の成立

ロシア二月革命

第一次世界大戦中、総力戦体制のなかでロシアの人々は苦しい生活を強いられていました。前線の兵士に送るための作物を搾取され、民衆は食料不足に陥っていました。長引く戦争の苦難にとうとう不満が爆発した民衆は、1917年、当時のロシアの首都ペトログラードでデモやストライキを起こしました。これに兵士が合流してソヴィエトを組織し、反乱に発展していくと、皇帝ニコライ2世は退位し、帝政が終わりを告げました。これをロシア二月革命といいます。

臨時政府とソヴィエト

帝政が打倒された後、ロシアでは立憲民主党が中心となった臨時政府のもとで共和政が開始されました。この臨時政府は、戦争継続の姿勢を崩しませんでした。これに対し、食料不足にあえぐ民衆の支持を得たソヴィエトは即時講和を主張して対抗しました。二月革命後のロシアは二重権力の状態に陥ったのです。

そんななか、どちらの権力にも属さないボリシェヴィキの指導者であったレーニンが「四月テーゼ」を発表し、戦争継続を主張する臨時政府の打倒と、ソヴィエトへの権力集中、戦争の即時講和を主張しました。ソヴィエトの指導者であるケレンスキーはボリシェヴィキを弾圧して臨時政府の首相に就任しましたが、以降も戦争継続の方針が維持されました。

ロシア十月革命

ケレンスキーに失望した民衆は、次第にレーニン率いるボリシェヴィキ支持へと傾いていきます。その流れを受けたレーニンは、ボリシェヴィキによる武装蜂起を起こし、臨時政府を打倒します。これをロシア十月革命といいます。権力を掌握したレーニンは、全ロシア=ソヴィエト会議を開催し、「平和に関する布告」と「土地に関する布告」を採択します。前者は第一次世界大戦のすべての交戦国に対し即時講和をよびかけるもので、後者は地主の所有地を没収して国有化した土地を人々に分配しようというものでした。

ボリシェヴィキ独裁

ロシア十月革命の後に行われた憲法制定会議のための選挙において、なんとボリシェヴィキは社会革命党に敗れてしまいます。この結果、レーニンらは武力によって反対勢力を弾圧すると、議会を閉鎖してボリシェヴィキ一党支配を確立し、独裁体制を敷きました。

一党支配体制のもとで単独講和であるブレスト=リトフスク条約を締結して第一次世界大戦から離脱すると、首都をモスクワへ移して改革を進めました。この独裁に反発した人々が反革命軍を組織し、ロシアは内戦状態に陥りました。また、この混乱状態に乗じ、ロシア革命の影響拡大を警戒した外国勢力が対ソ干渉戦争（シベリア出兵）を起こしました。

レーニンは赤軍という独自の軍隊を組織したほか、治安維持のための警察組織の編成、戦時共産主義という経済政策をとるなどして、内戦と対ソ干渉戦争を乗り越えました。1919年には世界各国の革命を指導するコミンテルンを設立すると、1922年にはロシアを中心に4つの共和国が連合してソヴィエト社会主義共和国連邦が誕生しました。

31. ロシア革命とソ連の成立

~ロシア革命の流れ~　革命前のロシア暦では2月　第一次世界大戦の長期化で民衆の不満高まった

1917年3月
　＊ロシア二月革命（三月革命）＝ブルジョワジーたちによる革命
　　↳ペトログラード蜂起…労働者のストライキに兵士も加わり革命に
　　↳皇帝ニコライ2世退位＝ロマノフ朝滅亡

　＊二重権力状態に…臨時政府とソヴィエトが併存

　　ブルジョワジー立憲民主党　vs　⑲農民、労働者、兵士　社会革命党　メンシェヴィキ

　　｛・ソヴィエト：労働者と兵士の評議会。停戦を要求。
　　　・臨時政府：ブルジョワジーが中心。戦争継続政策を展開。
　　　　　　↳※資本家（物資・武器が売れるともっともうかる）

　　ボリシェヴィキ　支援→

1917年4月　レーニンがスイスから帰国：ボリシェヴィキの指導者
　　↳"四月テーゼ"…「すべての権力をソヴィエトへ！」＝スローガンに。

1917年7月　ケレンスキー内閣成立…社会革命党のケレンスキーが首相に就任
　　（臨時政府）　↳（ソヴィエトなので）戦争反対派なのに、戦争継続方針を継続

1917年9月　反政府反乱が勃発 ← ボリシェヴィキが臨時政府に協力して鎮圧
　　↳ボリシェヴィキへの支持拡大
　　↳レーニンは亡命先から再帰国

　　　　　　レーニン

1917年11月　＊ロシア十月革命（十一月革命）＝社会主義革命
　　↳ボリシェヴィキ派の労働者や兵士が武装蜂起
　　↳臨時政府を打倒

　＊全ロシア＝ソヴィエト会議　新政府（ソヴィエト政権）の樹立を宣言
　　｛・「平和に関する布告」→ テーマ30
　　　・「土地に関する布告」…土地所有権を廃止する布告　）を採択

　＊憲法制定会議選挙の実施…ロシア初の普通選挙
　　↳社会革命党が圧勝。ボリシェヴィキは第2政党に。

　　農民重視の姿勢だった社会革命党が、多くの農民の支持を得た。

　　　　　ボリシェヴィキは武力で議会を閉鎖・解散

1918年1月　ボリシェヴィキ一党支配を確立

テーマ32 第一次世界大戦後の国際秩序

ヴェルサイユ体制

大戦終了後の **1919 年 1 月**、連合国の首脳が集まり、今後の国際社会についての**パリ講和会議**が開催されました。パリ講和会議に参加したのは**連合国**、つまり第一次世界大戦の戦勝国の代表でした。敗戦国に加え、革命によって社会主義国となったソ連は、講和会議に招待されませんでした。パリ講和会議は平和維持を主張するアメリカ大統領**ウッドロー＝ウィルソン**と、ドイツへの徹底制裁を主張するイギリス・フランスとが中心となって進められました。

　パリ講和会議における話し合いの末、**ヴェルサイユ条約**が締結されました。ヴェルサイユ条約に基づき、ドイツはすべての植民地を放棄し、古くから領有をめぐって争っていた**アルザス・ロレーヌ**をフランスへ割譲、そして**ポーランド回廊**とよばれる地域はポーランドへ割譲されることになりました。さらに、ドイツとフランスの国境線であるライン川両岸地域の非武装化（**ラインラント非武装**）が約束されました。領土の大幅削減に加え、ドイツには厳しい軍備制限も課されて陸軍・海軍は大幅に制限されて空軍は全面禁止、徴兵制も禁止された結果、ドイツの軍事力はヨーロッパ最弱レベルにまで低下しました。さらに**賠償金**支払いも課され、後々までドイツ経済を圧迫することになりました。これらの厳しすぎる制裁が後のヨーロッパの国際秩序に禍根を残すこととなります。

　ヴェルサイユ条約に基づき、**1920 年**、世界初の**集団安全保障組織**として**国際連盟**も誕生しました。集団安全保障とは、複数の国々で協力して平和を維持しようという考え方です。国際連盟は、集団安全保障組織として紛争の仲裁や労働問題の調整を行いました。しかし、国際連盟にはいくつか欠点がありました。たとえば、提唱国であるアメリカが**孤立主義**をとっていたため国際連盟に不参加でした。また、連盟の最高議決機関である**総会**が**全会一致の原則**を採用していたため決議はいつも難航しました。加えて国際連盟には制裁規定が欠落していたため、連盟の勧告には強制力がありませんでした。

ワシントン体制

第一次世界大戦でドイツが敗戦したことで、東アジア地域におけるドイツ植民地の処理問題が発生しました。この問題解決のため、アメリカは**1921 年**に**ワシントン会議**を開催しました。アメリカには日本を抑制するという目的があり、日本がこのまま中国や太平洋地域への進出を強めていくことを警戒していました。

　この会議によって成立した条約の 1 つ目が**四カ国条約**です。**米・英・仏・日**の 4 カ国が、太平洋の島々について、各国の領土や権益をたがいに尊重することを約束しました。そして条約の内容には**日英同盟廃棄**が含まれており、アメリカは日本とイギリスとの同盟関係を解消させることに成功しました。2 つ目は **九カ国条約**です。これは中国の主権や独立の尊重を確認する条約で、**米・日・中**などが締結しました。これにより大戦中に日本が中国に突きつけた二十一カ条の要求の一部は失効し、実際に日本は、二十一カ条の要求で獲得した中国の**旧ドイツ権益**を返還しています。3 つ目が**ワシントン海軍軍備制限条約**です。これは**米・英・日・仏・伊**の 5 大国間での主力艦の保有比率を決定する条約でした。アメリカは率先して**軍縮**をよびかけ、結果的に日本の戦力を削減することにも成功しました。こうして成立した東アジアの国際秩序を**ワシントン体制**とよびます。

32.第一次世界大戦後の国際秩序

~第一次世界大戦後の国際条約~

★ ヴェルサイユ条約（1919年）… 第一次世界大戦 の 処理、国際連盟の成立
- ・ドイツ領の縮小とドイツの弱体化
- ・ドイツの軍備制限
- ・巨額の賠償金

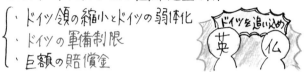
ドイツを追い込め
英　仏

ワシントン会議

★ 四カ国条約（1921年）… 太平洋の平和に関する条約
- ・太平洋の島嶼部 の 現状維持を確認
- ・日英同盟は廃棄

★ 九カ国条約（1922年）… 中国に関する条約
- ・中国の主権尊重、門戸開放、機会均等 など
- ・日本の二十一カ条の要求の一部を無効化

★ ワシントン海軍軍備制限条約（1922年）… 主力艦保有量の制限
- ・これより10年間、主力艦の建造禁止
- ・主力艦の保有率…米：英：日 = 5：5：3

ジュネーヴ軍縮会議

米・英・日の補助艦の制限　　　　※ 米・英の対立で決裂… 66

★ 不戦条約（パリ）（1928年）… 戦争放棄を確認

★ ロンドン海軍軍備制限条約（1930年）
- ・主力艦の保有制限および建造禁止を延長
- ・米・英・日の補助艦保有量の制限

~国際連盟~
↳ 1920年設立、本部：ジュネーヴ

ただし…
問題点
- ・全会一致の議決方式 → 重要事項の決定が遅延、紛争解決が遅れた。
- ・制裁手段が不明瞭で強制力が弱い
- ・大国の不参加 → アメリカ、ドイツ、オーストリア、ソ連

第一次世界大戦後のアメリカ・イギリス

アメリカの繁栄

戦後のアメリカでは、大戦を勝利に導いた**ウッドロー＝ウィルソン**のもとで1920年に**女性参政権**が認められました。第一次世界大戦の**総力戦**は女性も兵器工場で働くなど戦争の勝利に貢献したことから、女性の社会的地位が向上したのです。

ウィルソンによるヨーロッパへの干渉に対し、アメリカ国内には不満を抱く人たちも多くいました。モンローが提唱した欧米の相互不干渉という外交姿勢（**モンロー主義**）に戻すべきだという主張が強まり、大戦が終わるあたりから、アメリカは徐々に**保守化**していきました。その結果アメリカは、上院議員の反対もあってヴェルサイユ条約の批准（ひじゅん）を拒否し、**国際連盟**にも参加しませんでした。

また、第一次世界大戦はアメリカの経済に大きな変化をもたらしました。大戦前は**債務国**（さいむ）であったアメリカが、大戦を経て連合国に大量の兵器を輸出し、莫大な利益を得て**債権国**（さいけん）へと成長したのです。こうして豊かになった1920年代のアメリカでは**大量生産・大量消費**の傾向が強まり、**大衆消費社会**が形成されました。**ラジオ**や**雑誌**で新しい商品が紹介され、人々がこぞって商品を買い求める時代の到来です。

豊かになる一方で、他民族を差別し追い出そうとする動きも現れました。1920年代、アメリカ社会の中心階層となったのは**ワスプ**というイギリス系の白人プロテスタントでした。アメリカでは次第に、これに該当しない民族をアメリカから排除すべきだという考え方が強まります。南北戦争後のアメリカで結成された**クー＝クラックス＝クラン（KKK）**とよばれる反黒人組織が1920年代に勢いづき、黒人はもちろん中国系や**日系移民**などに対する迫害を行ったのです。1924年には**移民法**が制定され、アジア系の移民が全面禁止されました。第一次世界大戦後のアメリカは、華やかな発展を遂げる一方で、他民族を差別し排除するという**排外的**な動きも見られたのです。

戦間期のイギリス

第一次世界大戦で**戦勝国**となったイギリスでは、次第に社会主義勢力が台頭しました。第一次世界大戦を勝利に導いたイギリスの首相**ロイド＝ジョージ**は、戦争に勝利するため、対立する政党も含めた大連合内閣を結成しました。このようなあり方を**挙国一致体制**といいます。この内閣のもと、1918年に**第4回選挙法改正**が行われ、**21歳以上の男性・30歳以上の女性**に選挙権が与えられることになりました。この改正の結果、有権者が増え、戦後復興を求める国民の声が強く政治に反映されるようになりました。すると、社会主義政党である**労働党**が多くの票を集めるようになり、1924年にはイギリス史上初の**労働党内閣**として**マクドナルド**が組閣した**第1次マクドナルド内閣**が成立します。ただし、労働党の単独政権ではなく、自由党との連立内閣だったため、両党の対立によってこの内閣は1年足らずで解散しました。

植民地経営にも大きな変化が見られました。戦争で疲弊し、広大な植民地を維持することが困難になったイギリスは、1931年に**ウェストミンスター憲章**を制定し、植民地のなかでも白人が支配する**自治領**に対して本国と同等の地位を与えました。また、イギリス本国と自治領、植民地などをまとめて**イギリス連邦**と呼称するようになりました。

33. 第一次世界大戦後のアメリカ・イギリス

〜アメリカの排外主義〜

(1) クー=クラックス=クラン（KKK）

WASP = White Anglo-Saxon Protestant
アングロサクソン系の・白人の プロテスタント

・ワスプ（WASP）が 白人の優越を守るために 組織した 秘密結社
・反黒人・反移民・反社会主義 を掲げて、人種差別運動を展開

(2) 日系移民の排斥
・19世紀以降、農業や 鉄道敷設に 従事するため、日本からの移民が増加
  ↳ アメリカで、日系移民の排斥が 活発化
    ⟹ 1924年には、排日移民法が 制定され、日系移民が 禁止

〜アイルランドの独立〜

☆ アイルランド自治法 …. 1914年、イギリス自由党内閣の下で成立
（※第一次世界大戦勃発に伴い、実施は延期）

☆ イースター蜂起 …. 1919年、ダブリンで急進独立派が 武装蜂起
  ↳ 反乱は鎮圧されたが、アイルランドでは 独立運動が高揚

☆ アイルランド独立戦争 … アイルランド義勇軍（IRA）とイギリス軍が 衝突
  ↳ イギリス軍による残虐な鎮圧行為に対し、国際的非難が高揚

☆ アイルランド自由国 … 1921年、イギリスが アイルランド南部諸州の独立を承認
1923年、国際連盟に加入
1931年、ウェストミンスター憲章で イギリス連邦内の独立国に.

☆ アイルランド内戦 … 独立条約に 北部6州が含まれていないことが 問題に.
アイルランド自由国内で 条約賛成派と反対派間で対立が発生
  ↳ 最終的に内乱となり、北部はイギリス連邦に留まることと
  なった.

アイルランド
イギリス（UK）
（北アイルランド、スコットランド、ウェールズ、イングランド）

・北アイルランド＝プロテスタント 多め
・アイルランド（南部）＝カトリック 多め

英本国と、その植民地の総称

次第に 自治が 認められ、
のちには 本国と対等の地位になった.

テーマ 34 第一次世界大戦後の西欧諸国

フランス

第一次世界大戦で戦勝国となったものの、ドイツによってかなりの被害を受けたフランスは、首相**クレマンソー**が賠償金支払い・領土割譲など、ドイツに対する厳しい報復措置を主張しました。**1923**年には、フランスは、ドイツが賠償金を支払わないことを理由に**ルール占領**を実施します。ドイツ西北部に位置する**ルール地方**は、工業が非常にさかんな場所として知られていました。フランスのルールへの出兵は、欧米諸国から強く批判されました。第一次世界大戦後の世界的に平和を求める風潮に反するものだったからです。国際社会の批判を浴びたフランスは、ルールから撤兵します。以降は国際協調の流れに従い、建前上は対ドイツ協調外交を展開するようになりました。

ドイツ

第一次世界大戦末期に革命が起こったドイツでは、社会主義革命を目指す組織である**スパルタクス団**による武装蜂起を経験しますが、この動きを鎮圧した後のドイツでは民主的な国づくりが進められました。**1919**年、ドイツのヴァイマルでヴァイマル国民議会が開催され、**ヴァイマル憲法**とよばれる憲法が採択されました。**主権在民、20歳以上の男女普通選挙**、労働者の**団結権・団体交渉権**の保障、強い権限を持つ大統領の直接選挙など、その内容は当時世界で最も民主的だとされるものでした。民主化が進む一方で、ドイツは第一次世界大戦の**賠償金問題**に頭を悩ませていました。賠償金を支払えない状態で起こったのが、上の項目に出てきたルール占領です。この占領に対し、ドイツはこの地域での工業生産を停止することで抵抗しました。その結果、ドイツでは物価が跳ね上がり、深刻な**インフレーション**（インフレ）が発生しました。物価高騰によって貨幣の価値が暴落し、ドイツ経済は破綻寸前にまで追い込まれてしまいました。

1923年に首相となった**シュトレーゼマン**は、国内の混乱を鎮めるためインフレ収束に乗り出します。彼は対立する政党も含めて大連合内閣を組織すると、**レンテンマルク**という新しい通貨を発行して見事インフレを収束させます。その後、シュトレーゼマンは内閣を解散し、新大統領**ヒンデンブルク**のもとで外務大臣に就きました。彼らによりドイツは**国際協調外交**を展開しました。

イタリア

イタリアは第一次世界大戦で**戦勝国**となったものの、戦後にさまざまな問題を抱えることになりました。協商国側として参戦する代わりに**「未回収のイタリア」**を譲渡してもらうという約束に基づき、終戦後に**南チロル**や**トリエステ**の領有を認められました。しかし、イタリア人が多く暮らす**フィウメ**という地域は**ユーゴスラヴィア**領となった後、国際連盟の管理下の自由市とされたのです。こうして、領土を増やすことができなかったイタリアは、ヴェルサイユ体制に不満を持つようになりました。戦後のイタリアは深刻な不況に悩まされ、北イタリアでは労働者によるストライキが発生しました。この動きは**イタリア社会党**を中心とする政府によって鎮圧されましたが、社会主義政党が労働者の弾圧を行ったという事実は国内の労働者たちを失望させ、イタリア社会党は支持を失っていき、代わりに過激な労働運動に危機感を持ったブルジョワからの支持を受けたのが**ムッソリーニ**率いる**ファシスト党**でした。

34. 第一次世界大戦後の西欧諸国

ドイツ

・〜ドイツ社会民主党の分裂〜

祖国防衛のため

★ 社会民主党 … 修正主義的、戦争容認
　　↓ これに反対して分裂

★ 独立社会民主党 … 修正主義的、戦争反対

★ スパルタクス団 … マルクス主義を掲げ、革命をめざす。戦争反対
　　↳ 1918年、ドイツ共産党に改称

〜ヴァイマル憲法の特徴〜

◎ 民主的 ◎
・主権在民、20歳以上の男女普通選挙
・生存権の保障
・労働者の団結権、団体交渉権 など社会権を保障

◎ 問題点 ◎
大統領非常大権 … 非常事態には、大統領が議会を通さずに政策決定が可能
　　↳ 独裁者出現の危険性を内包

のちのナチ党台頭
フラグ…！

イタリア

〜イタリアのファシズム政権〜

| 1920年 | ＊ 北イタリアでストライキ発生 → 自由主義勢力が社会主義勢力の拡大を警戒 |

＊ ムッソリーニの台頭 … 反社会主義運動を展開
　　↳ ファシスト党結成：反社会主義を掲げる

| 1922年 | 「ローマ進軍」… 国王は弾圧を断念。ムッソリーニ政権が樹立 |

ムッソリーニらは ナポリから
ローマに進軍し、ローマを占領

| 1926年 | 一党独裁体制を樹立 … 議会で他の政党を解散 |
　　↳ 1928年、ファシズム大評議会を国家の最高機関に。

MEMO

・第一次世界大戦末期、ドイツでは
　敗戦の雰囲気があり、キール軍港
　の水兵反乱など、国内の情勢は
　不安定
　　↓
　結果… 皇帝ヴィルヘルム2世退位
　　→ 帝政から共和政に。

・そして敗戦… ドイツ共和国誕生
　　その中で スパルタクス団の蜂起
　　　（↳ 一応は鎮圧される）

・その後、ヴァイマル国民議会開催

第0章
第1章
第2章
第3章
第4章
第5章
第6章
第7章
第8章
第9章
第10章

テーマ35 第一次世界大戦後の中国・朝鮮・インド

中　国　第一次世界大戦が始まると、日本は、中国にあるドイツ領を攻撃し、中国政府に**二十一カ条の要求**を提示するなど、中国への影響力を強めていきました。これを見た中国の知識人たちは、大勢の国民を啓蒙するための**新文化運動**を開始します。国民を啓蒙し、中国の体制がいかに時代遅れか、中国がいかに危機的状況かを理解させようとしたのです。1919年の**パリ講和会議**で、中国は日本の二十一カ条の要求の取り消しを訴えましたが、取り合ってもらえませんでした。その不満が中国国内で高まると、1919年5月4日、北京大学の学生たちが中心となって大規模な抗議デモを起こし、新文化運動の成果も相まって全国的な反帝国主義運動へと発展しました。これを**五・四運動**といいます。この様子を見た**孫文**（➡テーマ**28**）は**中国国民党**を結成し、新文化運動で活躍した**陳独秀**らは**中国共産党**という社会主義政党を結成しました。両者は現行の政府打倒という共通の目的のために協力体制（**第1次国共合作**）を築き、1925年に**広州国民政府**を樹立すると北京にいる**軍閥**政府を打倒する動き（**北伐**）を開始しました。しかし、農民運動の過激化を受け、1927年に**蔣介石**が**上海クーデタ**を起こして多数の共産党員を殺害したため、国民党と共産党の協力関係は崩壊しました（**国共分裂**）。その後も蔣介石は北伐を続け、日本の妨害を振り切り北京に入ると、日本の傀儡政権である**奉天軍閥**の首領**張作霖**を破ります。また、その後軍閥の実権を握った、息子である**張学良**も降伏させます。こうして北伐は完成し、蔣介石が建てた**国民政府**が中国を統一しました。

朝　鮮　**朝鮮総督府**による**武断政治**への反発や民族独立の要求が強まるなかで、1919年3月1日、**三・一独立運動**が発生しました。朝鮮の人々は、**パリ講和会議**で提唱された**民族自決**（➡テーマ**30**）の原則に強い影響を受けていました。三・一独立運動を受けて、朝鮮総督府は従来の武断政治をゆるめ、徐々に**文化政治**へと移行していきました。朝鮮を支配する手段が、暴力から「朝鮮人を日本人にする」ものに移行したのです。以降、朝鮮総督府は、日本語教育や日本文化の強制によって、朝鮮を日本に同化させようとしたのです。

インド　第一次世界大戦中、イギリスはインドに反英運動をやめて戦争に協力する見返りとして、**戦後自治の約束**を示していました。しかし、イギリスは大戦後、イギリスに逆らう者を弾圧する**ローラット法**という法律をつくった上、それにともなう抗議活動を武力でつぶす**アムリットサール事件**を起こしました。こうしてインドとイギリスの対立が激化するなか、独立に向け**ガンディー**が活動を開始します。彼は**非暴力・不服従**、すなわち暴力を使わずに抵抗する民族運動を開始し、独立運動はさらに加速します。国民会議派の**ネルー**を中心に**ラホール大会**が開催され、**プールナ＝スワラージ**（完全なる独立）が宣言されました。ガンディーも**第2次非暴力・不服従運動**の一環として、**「塩の行進」**を行いました。イギリスは仕方なく**インド統治法**《1935年》を制定し、インド各州の**自治制**を導入することにしました。しかし、完全なる独立を目指すインドの民族運動はむしろ拍車がかかり、以降イギリスはインドの反英運動に手を焼くことになります。

35.第一次世界大戦後の中国、朝鮮・インド

中国

~戦後中国の二大政党~

中国国民党

- 孫文 指導のもと、中華革命党を改組・改称。
- 全国民に開かれた 大衆政党となり、軍閥の打倒を掲げた。
- 当初は南部の軍閥と組んで、政府を樹立。

中国共産党

- 初代委員長は 陳独秀
- 上海で結成された当初は コミンテルンの指導下にあった。
- コミンテルンに従い、国民党との合作路線を採用。

インド

~インドの民族運動~

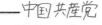
第一次世界大戦のこと.

- 1917年 …イギリスは、自治と引き換えに、インドに戦争協力を要求

- 1919年 …
  - * ローラット法 … 令状なしの逮捕、裁判抜きの投獄を承認する弾圧法
  - * インド統治法《1919年》… 行政の一部をインド人に委ねるも、自治は認めず

  ⇨ インドの不満高揚

ガンディー　ネルー

◎ "非暴力・不服従"（指導者：ガンディー）

- 第1次 非暴力・不服従 運動
  ↳ 過激化する危険性から、ガンディーが停止

- 国民会議派：ネルーを指導者として「プールナ＝スワラージ（完全なる独立）」を宣言

- 「塩の行進」… ガンディー による.
  ↳ 第2次 非暴力・不服従 運動を開始　← インド内の11州に、完全な自治を約束！
  ↳ イギリスは インド統治法《1935年》により懐柔を図る

◎ 全インド＝ムスリム連盟（指導者：ジンナー）

- イスラーム教徒（ムスリム）が独立後に少数派となることを警戒
- ムスリム国家 パキスタンの 建設（分離独立）を決議

ジンナー

テーマ36 第一次世界大戦後の東南アジア・西アジア・アフリカ

東南アジア

イギリス領インド帝国に編入されていたビルマでは1920年代から民族運動が始まり、即時完全独立を要求する**アウン＝サン**指導の**タキン党**が活躍しました。

インドネシアはオランダ領東インドに編入されていましたが、1920年に**インドネシア共産党**が結成され、その後1927年に**スカルノ**を指導者とする**インドネシア国民党**が結成されました。ちなみにインドネシア共産党はロシア革命の影響を受けてアジアで最初に結成された共産党です。

ベトナム・カンボジア・ラオスにあたるインドシナ地域は、**フランス領インドシナ連邦**としてフランスによる支配を受けていました。インドシナでは1925年に**ベトナム青年革命同志会**が結成され、それを母体として1930年に**ベトナム共産党**が結成されました。ベトナム青年革命同志会を立ち上げ、インドシナ民族運動全体を指導した人物が**ホー＝チ＝ミン**です。

フィリピンでは、1934年、アメリカ大統領**フランクリン＝ローズヴェルト**が独立運動の高まりを受けて独立を約束しました。これに基づき、翌年に**フィリピン独立準備政府**が発足します。こうして、過激な運動や激しい弾圧なども特に生じないまま、穏やかな独立を達成することに成功します。

西アジア・アフリカ

第一次世界大戦において、同盟国側について参戦した**オスマン帝国**は1918年に休戦協定を結んで降伏しました。このとき、1919年に**ギリシア軍**が**イズミル**という地域に侵入してこれを占領したほか、1920年の**セーヴル条約**は、主権・軍備の制限や治外法権などを認める、オスマン帝国にとって不利なものでした。こうした事態を受け、オスマン帝国では**ムスタファ＝ケマル**を指導者とした大規模な抵抗運動が発生しました。

ムスタファ＝ケマルは臨時政府をたて、1922年にギリシアからイズミルを奪回すると、同年に**スルタン制を廃止**しました。これは**オスマン帝国の滅亡**を意味します。1923年には**ローザンヌ条約**を締結。トルコはイズミルなどの領土を回復し、軍備制限や治外法権の撤廃にも成功しました。さらに同年、ムスタファ＝ケマルは**トルコ共和国**の成立を宣言し、首都を**アンカラ**に置きました（**トルコ革命**）。その後、ムスタファ＝ケマルによるさまざまな改革によって、トルコの近代化が進められました。

第一次世界大戦後、**エジプト**では**ワフド党**が結成され、独立運動を展開しました。エジプトはイギリス軍の常駐を条件に**エジプト王国**として名目的な独立を認められました。これに反発したワフド党はイギリスに立ちのきを求め、1936年に**エジプト＝イギリス同盟条約**を成立させて実質的な独立を果たしました。この条約で、イギリスはスエズ運河地帯を除いてエジプトから撤退しました。

イランでは、**レザー＝ハーン**が**ガージャール朝**を打倒し、1925年に**パフレヴィー朝**を創始しました。彼はイランを支配していたイギリスと交渉して不平等条約を撤廃。さらに国号をペルシアから現在の国名である**イラン**に改称しました。

インドの北部に位置する**アフガニスタン**は、1880年からイギリスの保護国となっていました。20世紀に入ると独立運動が活発化し、1919年の**第3次アフガン戦争**で独立を達成しました。

36. 第一次世界大戦後の東南アジア、西アジア、アフリカ

~トルコ革命~

1919~22年

ギリシア = トルコ戦争
… ギリシア軍が トルコのイズミルを占領
= オスマン帝国に侵攻…！

> 1830年、オスマン帝国から独立したギリシア
> は、第一次世界大戦で、オスマン帝国が
> 負けたのを機に、侵攻をはじめた。
> ⇒ まだ、オスマン帝国内にあった、
>   ギリシア人居住地を取り戻そうとした。

＊ トルコ軍人ムスタファ=ケマルによる祖国解放運動が展開される
　↳ トルコ大国民議会を開催（1920年）… アンカラ政府を形成
　↳ ギリシア軍を破る

＊ セーヴル条約（1920年）
　↳ オスマン帝国（スルタン政府）と連合国の第一次世界大戦講和条約

> イスラーム世界の世俗的な最高指導者=スルタン

1919~23年

トルコ革命

＊ スルタン制廃止 …… オスマン帝国の滅亡

＊ ローザンヌ条約（1923年）
　↳ トルコ新政府が 連合国と結んだ、新しい講和条約

⇨ トルコ共和国成立（1923年10月、首都：アンカラ）

> ムスタファ=ケマル

> セーヴル条約は
> 破棄する！！！

1924年~

トルコ共和国の近代化

> 宗教（イスラーム）上の最高指導者=カリフ

＊ カリフ制廃止 …… 完全な政教分離

＊ 脱イスラーム化、国家制度の世俗化、ローマ字の採用、女性の参政権 など…
　（e.※それまでは、アラビア文字）

＜MEMO セーヴル条約による、オスマン帝国の分割＞

（国際管理下）
海峡地帯
黒海
イスタン…
ギリシア領
イズミル
アンカラ
トルコ国家
アルメニア国家
イタリア支配地域
フランス支配地域
（クルド自治）イギリス支配地域
イギリス支配地域（キプロス島）

> トルコ人にとっては、
> 屈辱的な内容だった…

第0章
第1章
第2章
第3章
第4章
第5章
第6章
第7章
第8章
第9章
第10章

テーマ37 大正時代の日本❶──大正政変ほか

大正政変

1911年に第2次西園寺公望内閣が成立した頃、テーマ28で学習したように、中国では辛亥革命が起きていました。陸軍が朝鮮に駐屯させる2個師団増設を政府に要求したところ、第2次西園寺公望内閣は財政難を理由に拒否しました。そこで1912年、2個師団増設が閣議で認められなかったことに抗議して、陸軍大臣が天皇に辞表を単独で提出したのです。その後、陸軍が軍部大臣現役武官制（➡テーマ23）を利用して後任を推薦しなかったため、第2次西園寺公望内閣は総辞職に追い込まれました。代わって、長州藩閥の桂太郎が、内大臣と侍従長を辞して第3次桂太郎内閣を組閣すると、宮中・府中（行政府）の別を乱すものとの非難の声があがりました。ちなみに、宮中・府中の別とは、天皇に仕える立場の者は政治や軍事に介入しない慣例のことです。そのようななか、立憲国民党の犬養毅と立憲政友会の尾崎行雄を中心とする政党の一部やジャーナリストに商工業者や都市民衆も加わり、「閥族打破・憲政擁護」を掲げる第一次護憲運動が全国的に拡大し、1913年に民衆が議会を包囲するなか、在職わずか50日余りで第3次桂太郎内閣は総辞職したのです。これを大正政変といいます。その後、薩摩藩出身の山本権兵衛が立憲政友会を与党として組閣した第1次山本権兵衛内閣は、軍部大臣現役武官制の現役規定削除を公布して資格を拡張し、官僚・軍部に対する政党の影響力拡大につとめました。しかし1914年、外国製の軍艦や兵器の輸入をめぐる海軍高官の汚職事件にあたるシーメンス事件が発覚すると、やむなく総辞職しました。

第一次世界大戦と米騒動

第2次大隈重信内閣は、長州藩閥や陸軍の支援のもと、少数与党として立憲同志会をスタートさせました。テーマ29で学習したように、イギリスがドイツに宣戦すると、第2次大隈重信内閣は日英同盟を理由にドイツに宣戦布告し、次いで大戦のためヨーロッパ諸国が中国に目を向ける余裕がないのを利用して、1915年に中国の袁世凱政府に二十一カ条の要求を突きつけ、要求の大部分を承認させました。

第一次世界大戦によって、ヨーロッパ諸国が後退したアジア市場では綿織物などの輸出が、また戦争景気のアメリカ市場では生糸などの輸出が激増し、貿易が大幅な輸出超過となりました。その結果、日本は大戦景気を迎えることとなります。1918年になると、シベリア出兵（➡テーマ31）をあて込んだ米の投機的買い占めが横行して米価が急騰しました。その結果、富山県の主婦たちが米屋に押しかけたのをきっかけに、米の安売りを求めて米商人・富商・地主・精米会社をおそって警官隊と衝突するなどの米騒動が全国で連鎖的に広がりました。政府は軍隊を出動させてその鎮圧にあたりましたが、寺内正毅内閣は混乱の責任をとって総辞職しました。

民衆運動に直面した元老たちは、ついに政党内閣を認め、立憲政友会の総裁原敬を首相に指名しました。原敬は歴代の首相と違って華族でも藩閥出身者でもなく、平民籍の衆議院議員だったため「平民宰相」とよばれ、国民から歓迎されました。しかし、原敬内閣は普通選挙の導入には反対の立場で、選挙権の納税資格を10円以上からを3円以上に引き下げるにとどまり、国民の期待を裏切りました。さらに、党利党略（自分の政党に有利になる政策）や相次ぐ汚職事件が批判され、暗殺されました。

37. 大正時代の日本① ── 大正政変ほか

〜二十一カ条の要求〜

↳ 中華民国・袁世凱につきつける!

(目的) 列強の関心がヨーロッパに向いている間、中国における日本権益の強化を目的とした

(内容)
- 第一号: 山東省における ドイツ権益の継承
- 第二号: 南満洲・東部内蒙古の権益の強化
- 第三号: 「漢冶萍公司」(ゲんやひょうコンス)(製鉄会社)を日中共同経営
- 第四号: 福建省 不割譲の再確認
- 第五号(希望条項・秘密): 日本人の政治・財政・軍事顧問採用、警察の日中合同化、日本製兵器の供給

列強には、第五号は公開せず。
→ 不審に思い米・英は問い合わせ
→ 日本は希望条項に過ぎないと回答

↓

中国の反感、米の抗議により日本は第五号を撤回し、最後通牒
※ 最後通牒を受諾した5月9日を中国では「国恥記念日」と呼んだ

〜日本の都市化の進展〜

- サラリーマンの出現 … 都市化・工業化の進展や教育の拡充により、大都市に会社員、公務員などの事務系の俸給生活者(サラリーマン)が大量に生まれた

- 職業婦人の登場 … 第一次世界大戦を機に、女性の社会進出 が目立った
  ↳ 教師、タイピスト、電話交換手、バスガール(車掌)などに進出

- 文化住宅 … ガラス戸、赤瓦の屋根、応接間をもった 和洋折衷の住宅
  都市と郊外間の鉄道沿線に建てられた新中間層向けの住宅

- 生活 … 農村部を含めて 一般家庭に電灯が普及。都市では水道・ガスの供給が本格化

- 食事 … 三大洋食(カレーライス・トンカツ・コロッケ)

- 百貨店の発達 … 三越などの呉服店系の他、私鉄経営系の ターミナルデパートが登場。
  日本では阪急百貨店(梅田駅@大阪)が 最初のターミナルデパート!

〜マスコミの発達〜

* 新聞 … 『大阪毎日新聞』『大阪朝日新聞』→ 100万部突破!
* 総合雑誌 … 小説、随筆、論文、評論など 様々な情報を収録。1919年『改造』創刊
* 大衆雑誌 … 娯楽的読み物をはじめとする雑誌。
  1925年『キング』創刊 → キャッチフレーズ「日本一面白くて為になる」!!
* 円本 … 1冊1円で出版された 改造社の『現代日本文学全集』をきっかけに円本ブームに!
* ラジオ放送開始(1925年) … 東京・名古屋・大阪で開始 → 翌年、日本放送協会(NHK)設立

第0章
第1章
第2章
第3章
第4章
第5章
第6章
第7章
第8章
第9章
第10章

テーマ38 大正時代の日本② ── 大正デモクラシーほか

大正デモクラシー

大正時代に入ると、東大教授で憲法学者の美濃部達吉が『憲法撮要』を刊行して天皇機関説を唱えたことは、国民に新しい政治を期待させました。天皇機関説とは、美濃部達吉がイェリネックの国家法人説を日本に適用して、国の統治権は法人としての国家にあり、天皇は国家の最高機関として憲法の範囲内で統治権を行使するという憲法学説のことです。つまり、天皇の権限は憲法の範囲内に規定されるという考えです。

さらに第一次世界大戦を通じてもたらされた世界的な民主主義の風潮の高まりなどの影響を受けて、第一次世界大戦が終わる頃から、日本国内においてもさまざまな社会運動が勃興しました。そのきっかけとなったのは、吉野作造が民本主義を唱えたことです。民本主義とは、政治の目的が民衆の福利にあり、政策決定が民衆の意向に基づくべきであるとの主張です。つまり、民衆本位の政治を目的とし、具体的には憲法の範囲内での政党内閣制や普通選挙の実施などを目指すものです。1918年には吉野は黎明会を組織し、知識人層を中心に大きな影響を与えました。また吉野の影響を受けた学生たちは東大新人会などの思想団体を結成し、次第に労働運動・農民運動との関係を深めていきました。

関東大震災

1923年9月1日、関東一帯を見舞ったマグニチュード7.9の大地震とそれによる大火災は、関東地方南部に大きな被害を与えました。こうしたなか組閣した第2次山本権兵衛内閣は、震災の混乱を鎮めるために戒厳令を出しました。ちなみに、戒厳令とは、戦争や内乱などの非常時に際し、全国ないしは一部地域において通常の立法権・行政権・司法権の行使を軍部にゆだねる非常法のことで、日本では、ポーツマス条約締結への抗議が暴徒化した日比谷焼打ち事件に続いて2度目の発令となりました。第2次山本権兵衛内閣は、関東大震災の救援活動と復興計画に全力を注ぎましたが、1923年の虎の門事件により総辞職しました。1924年、貴族院や官僚の勢力を背景に清浦奎吾が政党を無視した超然内閣を組織すると、憲政会・立憲政友会・革新倶楽部の3党は、これに対して第二次護憲運動を起こしました。政府は議会を解散しましたが、総選挙の結果は護憲三派の圧勝に終わり、清浦奎吾内閣は総辞職することとなります。代わって憲政会総裁である加藤高明が連立内閣を組織しました。加藤高明内閣は、幣原喜重郎外務大臣による協調外交として日ソ基本条約を結んでソ連と国交を樹立する一方、1925年にいわゆる普通選挙法（男性普通選挙法）を成立させました。これにより満25歳以上の男性が衆議院議員の選挙権を持つ普通選挙が実現しました。しかし同時にこの内閣のもとで、国体の変革や私有財産制度の否認を目的とする結社の組織者と参加者を処罰することを定めた治安維持法が成立しました。普通選挙法と治安維持法はアメとムチの関係といわれることが多いのですが、「ソ連との国交樹立にともなう国内での共産主義勢力の台頭と、普通選挙法制定による無産政党の台頭を抑えるために治安維持法を制定した」というように、日ソ基本条約との関わりもあわせておさえておきたいところです。こうして加藤高明内閣の成立から五・一五事件（➡ テーマ41）で犬養毅内閣が崩壊するまでの8年間は、立憲政友会と憲政会（後の立憲民政党）の二大政党の総裁が交代で内閣を組織する「憲政の常道」が続くことになります。

38. 大正時代の日本② ― 大正デモクラシーほか

～労働運動と社会運動～

☆ 労働争議 の多発 ‥‥‥ 国際労働機関 (ILO) の設立の影響で 労働争議参加者数急増

☆ 小作争議 の多発 ‥‥‥ 1922年、日本農民組合 結成
　　　　　　　　　↳1924年、政府は、小作調停法 制定

> 小作人らが、小作料の引き下げなどを要求!

☆ 婦人運動の高揚 ‥‥‥ 1920年、平塚らいてう・市川房枝らが 新婦人協会 結成
　　　　　　　　　↳ 治安警察法 改正 ‥‥‥ 女性の政談演説会の参加が認められる

☆ 部落解放運動の本格化‥‥‥1922年、西光万吉らを中心に 全国水平社 結成

☆ 共産主義 への関心の高まり‥‥1920年代から、マルクスの『資本論』が初めて 翻訳出版
　　　　　　　　　↳ 1922年、　コミンテルン日本支部として 日本共産党が 堺利彦らにより、
　　　　　　　　　　　　非合法に 結成

～関東大震災～
　　↳ 1923年発生。全体で死者10万、行方不明4万人 以上。
　　　軍隊だけでなく、外国も含めたボランティアによる 救護活動

※ こうした 地震による 社会の混乱に乗じて‥‥
- 在日朝鮮人・中国人殺害事件；住民らが 結成した 自警団による.
- 甘粕事件；無政府主義者大杉栄らが 殺害される.

～大正時代の政治～

> ※非政党内閣
> = 政党内閣ではない

1921～22年	高橋是清内閣：ワシントン会議 に参加
1922～23年	加藤友三郎内閣：非政党内閣。シベリア撤兵完了。
1924年	清浦奎吾内閣： 非政党内閣。

〔対抗〕
- 立憲政友会 の高橋是清、憲政会の加藤高明、革新倶楽部の犬養毅を
中心として、護憲三派を 結成して、第二次護憲運動を展開
- 清浦は、政友本党を 結成

⇨ 結果は、総選挙で 護憲三派の議席数が 過半数となり、
清浦内閣は 総辞職 (解散)

| 1924～26年 | 加藤高明内閣：普通選挙法 (1925年)、治安維持法 (1925年) の成立
日ソ基本条約 (1925年) 締結 |

> 日本・ソ連の国交樹立

⇒ 以降、「憲政の常道」(政党内閣)

テーマ39 世界恐慌と各国の対応

世界恐慌の発生

第一次世界大戦後、**1920年代**のアメリカは空前の繁栄を迎え、世界一の経済大国となっていました。そんなアメリカでは当時、株式ブームが到来し、老若男女問わず株式に興味を持っていたほか、アメリカ経済の繁栄のもとで株価も上昇傾向にありました。株を買えば簡単にもうけられるという考えが広まるなか、**1929年10月24日木曜日**、**ニューヨーク株式市場のウォール街**で突然株価が一斉に大暴落しました（**「暗黒の木曜日」**）。株価の大暴落により、アメリカ中で大規模な金融恐慌が発生。その影響はすさまじく、アメリカで始まった経済恐慌は世界中へ波及していきます。ドイツの多額の賠償金の支払いがアメリカの資金供与に依存していたこともあり、この恐慌が世界経済へもたらした影響は甚大で、その規模や深刻さから**世界恐慌**とよばれるようになりました。

アメリカの対応

1933年、世界恐慌にうまく対応できなかった**共和党**政権に代わって、**民主党のフランクリン＝ローズヴェルト**がアメリカ大統領に就任すると、**ニューディール**とよばれる一連の政策を実施し、積極的に経済に介入することで立て直しを図りました。この政策のもと、農業生産を制限したり、過剰生産物を買い上げたりすることで、農作物の価格を安定させる**農業調整法**（AAA）を定めました。また、企業や労働者を支援する**全国産業復興法**（NIRA）などを制定して企業を救済し、労働者の**団結権・団体交渉権**を承認しました。さらに、失業者を救済するために**テネシー川流域開発公社**（TVA）を設立。公共事業を実施して失業者に仕事を与えました。さらにローズヴェルトは、世界恐慌対策のため外交方針も大きく転換させ、経済的・政治的な南北アメリカの一体化を目指して、近隣諸国に友好的な態度をとる**善隣外交**を展開していきました。

イギリス・フランスのブロック経済

1931年、イギリスは世界恐慌を受けて金本位制から離脱しました。**金本位制**とは、紙幣を金と交換可能とすることで、その価値を保証する仕組みです。金本位制の停止は、世界恐慌の影響でポンドが一斉に金と交換され、金が国外へ流出するのを防ぐ狙いがありました。日本やアメリカもこれに続き、世界各国は、それぞれの国で自国の貨幣を管理する**管理通貨制度**へと移行していきました。**1932年**、カナダのオタワで**オタワ連邦会議**（イギリス連邦経済会議）が開催され、この会議のなかでイギリスは、世界恐慌対策として、イギリス本国・自治領・植民地の間でのみ貿易を行うことを決定しました。こうした排他的な貿易政策のことを**ブロック経済**といいます。特に、イギリスのブロック経済を**スターリング＝ブロック**とよびます。イギリスに続いて、同様に広大な植民地を有するフランスも**フラン＝ブロック**とよばれるブロック経済政策をとりました。

ソ連の社会主義

レーニンの後継者である**スターリンの一国社会主義論**に基づく政策によって、ソ連は国際社会への復帰を進めていました。**1922年**には、ヴェルサイユ体制から排除されていたドイツとソ連間で**ラパロ条約**が結ばれます。また**1928年**に**第1次五カ年計画**が策定されると、重工業重視の工業化や農民を**集団農場**に編入するなどの**計画経済**が導入されました。その結果、世界恐慌下でも工業生産が増大し、このことは資本主義諸国に強い衝撃を与えました。

39. 世界恐慌 と 各国の対応

世界恐慌 とは…

- ☑ ニューヨーク株式市場（ウォール街）での株価が 大暴落 ＝「暗黒の木曜日」
  - → 金融恐慌 に発展し、企業や 銀行の連鎖倒産が起き、大量に失業者が発生.

- ☑ 世界経済の 信用悪化… 信用不安が拡大し、全世界に恐慌が波及

〜アメリカの対応〜

フーヴァー 大統領
（共和党）

- 自由放任政策と財政均衡の原則 から脱却できず、状況が悪化
- フーヴァー＝モラトリアム… 各国の賠償金と戦債支払いを 1年停止
  - ⬇ しかし…
  - 恐慌の拡大は まったく 止められず !!

フランクリン＝ローズヴェルト
大統領
（民主党）

- ＜国内政策：ニューディール… 連邦政府（国家）が積極的に経済に介入＞
  - 全国産業復興法（NIRA）┐のちに違憲判決
  - 農業調整法（AAA）   ┘
  - テネシー川流域開発公社（TVA）
  - ワグナー法…NIRAの労働者の団結権や団体交渉権を承認

- ＜対外政策＞
  - 善隣外交… ラテンアメリカとの友好化 → ドル＝ブロックを形成・キューバ独立の承認
  - 対ヨーロッパ政策… 伝統的な 孤立主義 への回帰 → ソ連の承認

〜イギリスの対応〜

マクドナルド 挙国一致内閣

マクドナルド

- 金本位制離脱（1931年）
  - … 国際収支の悪化で 維持が 困難となり、離脱に踏みきる.

- ウェストミンスター憲章（1931年）
  - … 本国と自治領が平等な イギリス連邦として正式に発足

- スターリング＝ブロックを採択（1932年）
  - … 恐慌克服のため、本国と自治領で特恵関税制度導入や相互通商協定締結

テーマ40 ファシズムの台頭

ナチズムの躍進

世界恐慌による経済不況の結果、ドイツでは 300 万人を超える大量の失業者が出ていました。不況にあえぐドイツ国民は、次第に**ヒトラー**率いる**国民社会主義ドイツ労働者党（ナチ党）**に期待を寄せるようになりました。1932 年実施の選挙でナチ党が第一党になると、翌年には**ヒンデンブルク**大統領がヒトラーを**首相**に任命しました。その後、**国会議事堂放火事件**が発生すると、ヒトラーは事件の犯人を元共産党の人物と断定し、当時の第三党であった共産党を徹底的に弾圧し解散に追い込みました。そしてヒトラー内閣は**全権委任法**を成立させ、独裁的な権限を獲得します。この法律の制定により、ヴァイマル憲法は事実上無効となってしまい、1934 年にヒンデンブルクが死去すると、ヒトラーは大統領・首相・党首の全権力を握って**総統（フューラー）**とよばれるようになりました。

先の大戦の敗戦国であるドイツは、制裁として大幅な軍備制限を課せられていましたが、1930 年代前半、ヒトラーが各国に対し大国間の**軍備平等権**を主張します。国際連盟がヒトラーの主張をはねのけると、ヒトラー率いるナチス＝ドイツは、1933 年 10 月に国際連盟を脱退し、1935 年にはヴェルサイユ条約に基づいた住民投票により、フランスとの国境付近の**ザール**を編入し、さらに徴兵制の復活を宣言しました（**再軍備宣言**）。1936 年、ヒトラー政権はラインラントの非武装地帯に軍隊を進駐させ（**ラインラント進駐**）、ヴェルサイユ条約及びロカルノ条約を破棄しました。

ファシズム諸国の台頭

同時期に、**ムッソリーニ**独裁下のイタリアは、世界恐慌による国内の経済危機から国民の目をそらすため**エチオピア侵攻**を起こします。国際連盟はイタリアの行動を非難し、経済制裁を実施。こうしてドイツとイタリアは、ヨーロッパでの孤立を深めていきました。

また、1930 年代半ばのスペインでは**人民戦線内閣**が成立し、社会主義的改革を実施してファシズム勢力をおさえつけていました。これに対し 1936 年、ファシズム政党を支持する**フランコ**が反発し、軍部を率いて大規模な反乱を起こしました（**スペイン内戦**）。ファシズム国家であるドイツ・イタリアはフランコ側を、社会主義国のソ連や**国際義勇軍**は人民戦線側を支援し、スペイン内戦は**ファシズム vs 反ファシズム**の戦いへと進展していきます。ソ連を警戒する英仏は、ファシズムの反社会主義性に期待を寄せ、**不干渉**の姿勢をとります。最終的に、内戦はフランコ側の勝利で幕を閉じ、スペインにもファシズム政権が誕生することになりました。内戦をきっかけに急接近したドイツとイタリアは、**ベルリン＝ローマ枢軸**の成立を宣言。1937 年には、イタリアが国際連盟を脱退しました。

ドイツの拡張

スペイン内戦中、ドイツは周辺のドイツ人居住地域へと進出を開始し、**オーストリア併合**を行いました。さらにドイツは**チェコスロヴァキア**に対して**ズデーテン地方**の割譲を要求すると、1938 年にこの問題をめぐって**ミュンヘン会談**が開かれました。この会談で英・仏は、防共の動きを徹底することを条件にドイツの要求を受諾します。こうしたイギリスの戦争を避け平和的に外交を進める姿勢を**宥和政策**とよびます。そして 1938 年にドイツはズデーテン地方を併合した後、**チェコスロヴァキア解体**を行い、スロヴァキアを保護国化しました。また、ミュンヘン会談に招かれなかったことで英・仏への不信感を強めたソ連に急接近し、**独ソ不可侵条約**を締結しました。

40. ファシズムの台頭

~ヒトラーの独裁確立までの流れ~

(1)世界恐慌の発生

- 失業者が激増し、工業生産が激減
- 政局の混乱…ヒンデンブルク大統領が少数派内閣を任命→1930年の選挙でナチ党が第二党に
- 恐慌の悪化…デフレ対策の徹底化→恐慌がさらに悪化した結果、ナチ党と共産党が台頭
- 共産党の台頭を嫌う保守派や中間層が反共産主義を唱えるナチ党を支持

(2)ナチ党政権の成立

- 1932年の選挙でナチ党と共産党が躍進
  → ナチ党が第一党になるも、共産党の躍進で大資本家がナチ党支持に転換

> 第一帝国＝神聖ローマ帝国
> 第二帝国＝ドイツ帝国
> として…

- ヒンデンブルク大統領の任命でヒトラー内閣(ナチ党)成立 … 第三帝国の成立
  → 当初は、軍部や大資本家との連合政権だったが、ヒトラーはすぐさま議会を解散
  → 共産党弾圧 = 独裁確立を狙う…!
- 国会議事堂放火事件(1933年)…事件の黒幕を共産党と断定、非合法化
  → 総選挙でナチ党が圧勝
- 全権委任法成立 … 他の政党の活動を禁止し、 一党独裁 を完成
- ヒトラーが総統(フューラー)に就任
  → ヒンデンブルク大統領の死後、ヒトラーは大統領権限も兼任 = 独裁政権を確立

~ドイツの拡大~

- ☐：第一次世界大戦前のドイツ帝国
- ☐：第一次世界大戦後のドイツ

↓ ここからどんどん領土を拡大

* オーストリア併合(──)
    ：ドイツ民族の統一を掲げる
* ズデーテン地方併合(　　)
    ：チェコスロヴァキア内のドイツ人居住地域
* 独ソ不可侵条約の締結
    ：ポーランド侵攻に際して、ソ連に中立を求めた

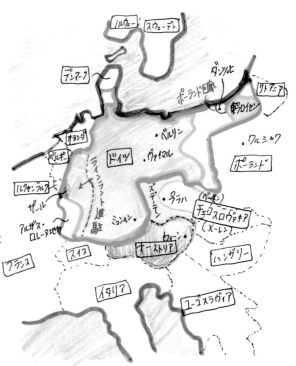

第0章
第1章
第2章
第3章
第4章
第5章
第6章
第7章
第8章
第9章
第10章

頻度 ★★★★★　世界史　日本史

テーマ 41 日本の恐慌と満洲事変

金融恐慌と昭和恐慌

テーマ38で学習した関東大震災のときに、震災の結果、支払いができなくなった手形、いわゆる震災手形が多く発生していました。そのため第1次若槻礼次郎内閣のもとでは震災手形の処理が大きな課題となっていました。そうしたなか、議会で大蔵大臣の失言から一部の銀行の不良な経営状態が明らかになり、全国的なパニックとなりました。各地で預金を引き出そうと人々が殺到する取付け騒ぎが起こり、金融恐慌となったのです。さらに、第1次若槻礼次郎内閣は、台湾銀行特別融資緊急勅令によって台湾銀行を救済しようとしましたが、枢密院に否決されたため総辞職しました。次に成立した立憲政友会の田中義一内閣は、3週間のモラトリアム（支払猶予令）を発して、日本銀行から巨額の救済融資を行い、全国的に広がった金融恐慌をようやく鎮めました。モラトリアムとは、国家が一定期間すべての債務の支払いとすべての預金の引出しを猶予する措置のことです。この頃財界からは、大戦後まもなく金本位制に復帰した欧米にならって、金解禁（金輸出解禁）を実施して為替相場を安定させ、貿易の振興を図るよう望む声が高まっていました。ちなみに、金本位制においては、貿易をするときに紙幣を金に交換して支払います。したがって、輸入では金が流出するため「金輸出」と表現できるのです。1929年に成立した立憲民政党の浜口雄幸内閣は、財政を緊縮して物価の引き下げを図り、産業合理化を促進して国際競争力の強化を目指しました。1930年にはついに金解禁を断行して、外国為替相場の安定と経済界の抜本的整理を図ったのです。

しかし、金解禁を実施したちょうどその頃、1929年にニューヨークのウォール街で始まった株価暴落が世界恐慌（➡テーマ39）に発展していました。そのため、日本経済は金解禁によるデフレ不況とあわせて二重の打撃を受けることになり、昭和恐慌に陥ったのでした。

満洲事変

この頃中国では、国権回収の民族運動が高まっていました。危機感を深めた関東軍（遼東半島南部の関東州を守備していた日本の軍隊）は、満洲を中国主権から切り離して日本の勢力下に置こうと計画しました。関東軍は1931年9月18日、奉天郊外の柳条湖で南満洲鉄道の線路を爆破し（柳条湖事件）、これを中国軍のしわざとして軍事行動を開始して満洲事変が始まりました。第2次若槻礼次郎内閣は不拡大方針を発表しましたが、関東軍は戦線を拡大したため、事態の収拾をあきらめた第2次若槻礼次郎内閣は総辞職しました。

代わって立憲政友会の犬養毅内閣が成立しましたが、1932年になると、関東軍は清朝最後の皇帝溥儀を執政とする満洲国の建国を宣言しました。中国からの訴えにより、国際連盟理事会はイギリスのリットンを団長とするリットン調査団を派遣することにしました。その後、海軍青年将校を中心とする一団が満洲国承認に反対する犬養毅首相を暗殺するという五・一五事件が起きたのでした。

続く斎藤実内閣は1932年日満議定書をとりかわして満洲国を承認しました。しかし、国際連盟側は1933年の臨時総会で、リットン報告書に基づいて満洲国を日本の傀儡国家であると認定し、満洲国の承認を撤回するよう日本に求める対日勧告案を採択しました。日本全権団は、勧告案を可決した総会の場から退場し、日本政府は正式に国際連盟脱退を通告して、国際社会から孤立することになったのです。

41. 日本の恐慌と満洲事変

~政党内閣と金融恐慌~

1926～27年　第1次若槻礼次郎内閣:

協調外交を展開!!

・与党憲政党。外相幣原喜重郎が中国の関税自主権回復を支持。
・金融恐慌 (1927年): 震災手形の処理をめぐり、蔵相が失言。
　　　　↳ 台湾銀行救済の緊急勅令案が枢密院に否決され総辞職。

1927～29年　田中義一内閣:

・与党 立憲政友会。モラトリアム (支払猶予令) を発し、日銀から融資を受ける。
　　　　↳ 中小銀行の多くが 大銀行に吸収・整理される。

・最初の普通選挙実施 (1928年)…無産政党 から8名当選。
　25才以上の男子のみ　　　↳ 治安維持法改正で、最高刑が死刑に。

~協調外交と積極外交~

・山東出兵 (1927～28年)……… 中華民国の北伐軍から、中国に居留する日本人を保護する目的で出兵。
・張作霖爆殺事件 (1928年)… 日本の関東軍 (満洲に駐留) が有力軍閥の張作霖の乗る列車を 爆破

　　　　↳ 田中義一内閣は関係者を軽い処分で済ませようとしたため、
　　　　　昭和天皇は 不満を示し, 田中内閣は 総辞職。

⇨ 浜口雄幸内閣: 与党 立憲民政党。緊縮財政と金解禁 (1930年)
　(1929～31年)
　　　　　　　　金本位制に復帰して、貨幣価値の安と貿易拡大をねらう。

★ ロンドン海軍軍備制限条約の締結(1930年)が 海軍の一部などにより、
　統帥権干犯問題 の追及をうけ、浜口首相は 狙撃される。
　天皇にのみ認められた陸海軍の最高指揮権

~満洲事変~

Step 1　柳条湖事件(1931年)を契機に関東軍が満洲全域を占領。
　　　↳ 第2次若槻礼次郎内閣は, 陸軍と意見が対立して総辞職。

Step 2　満洲国 建国 (1932年): 溥儀執政。日本の傀儡国家。

憲政の常道 終焉

　　　↳ 犬養毅内閣は承認に消極的 ➡ 五・一五事件で 犬養首相は暗殺される

Step 3　日満議定書 (1932年): 斎藤実内閣 が 満洲国 を承認。
　　　⇒ 国際連盟脱退通告 (1933年)…リットン報告書に基づく対日勧告案 採択後・表明

~恐慌からの脱出~

◎ 金輸出再禁止 (1931年)…高橋是清蔵相が 金本位制再停止 ⇒ 円安を利用して・輸出拡大。

◎ 農山漁村経済更生運動 (1932年)…農村自身での更生を指導。産業組合を拡大。

テーマ42　日中戦争

戦争の推移　中国では、**関東軍**によって華北5省を、南京にある**国民政府**の統治から切り離して支配しようとする**華北分離工作**が進められました。これに対し、中国国民の間で**抗日救国運動**が高まりました。1936年に**張学良**が**蒋介石**を監禁し内戦停止を要求した**西安事件**が起きると、国民政府は共産党討伐を中止して内戦を終結し、日本への本格的な抗戦を決意しました。

　第1次近衛文麿内閣成立直後の1937年7月7日、北京郊外の盧溝橋付近で日中両国軍が衝突するという**盧溝橋事件**が発生しました。いったんは現地で停戦協定が成立しましたが、第1次近衛文麿内閣は当初の不拡大方針を変更し、兵力を増派して戦線を拡大したため**日中戦争**に発展したのです。1937年9月には国民党と共産党による協力体制である**第2次国共合作**が成立し、**抗日民族統一戦線**が結成されました。日本は国民政府の首都南京を占領しましたが、国民政府は南京から漢口、さらに奥地の**重慶**に退いてあくまで抗戦を続けたので、日中戦争は長期戦となりました。1938年には首相の**近衛文麿**が、有名な**「国民政府を対手とせず」声明**を出して国民政府との交渉による和平の道を自ら閉ざし、戦争の長期化を招いたのです。

　その後、戦争の目的が日・満・華3国の提携と防共であるとする**東亜新秩序声明**を出しました。そして、ひそかに国民政府の**汪兆銘**を重慶から脱出させ、1940年に汪兆銘政権による親日の新国民政府を南京に樹立しました。しかし、国民政府はアメリカ・イギリス・フランスなどから物資搬入路である、いわゆる**援蒋ルート**を通じて援助を受け、その後も抗戦を続けたのです。

三国同盟　この頃日本軍は1938年の**張鼓峰事件**、1939年の**ノモンハン事件**と、ソ満・満蒙国境でソ連と武力衝突事件を起こしました。とりわけノモンハン事件では、関東軍がソ連軍に敗北したことにより、陸軍当局は大きな衝撃を受けたのです。1939年に至って、ドイツが突然**独ソ不可侵条約**を結んだため、外交の方向性を見失った**平沼騏一郎内閣**は総辞職しました。1939年9月1日にドイツは突如として**ポーランド侵攻**を開始し、イギリス・フランスはドイツに宣戦を布告して、ここに**第二次世界大戦**が始まりました。

　第二次世界大戦が勃発したとき、阿部信行内閣は大戦不介入を声明し、そのあとを受けた**米内光政内閣**はドイツ・イタリアとの軍事同盟に消極的で大戦不介入方針をとり続け、アメリカ・イギリスとの関係改善を目指しました。しかし1940年6月、ドイツ軍がパリを占領してフランスがドイツに降伏すると、陸軍を中心に、アメリカ・イギリスとの戦争を覚悟してでもこの機会にドイツと軍事同盟を結んで南方に進出すべきだとの意見が強くなってきました。

　第2次近衛文麿内閣が成立すると、これまでの大戦不介入の方針を大転換し、日本は東アジアと東南アジアを勢力圏とする**大東亜共栄圏**の確立を目指して積極的に南方進出を図りました。日本軍は1940年、援蒋ルートの遮断と南方進出の足がかりをつくるため、北部フランス領インドシナへの**北部仏印進駐**を開始しました。そして1940年**日独伊三国同盟**を結び、**枢軸国**同士の連携強化を図りました。

42. 日中戦争

◎日中戦争前後の日本のようすについて◎

> 統治権の主体は国家。そして国家の最高機関は天皇… つまり、天皇は国家の一機関にすぎない！ という学説

~天皇機関説と二・二六事件~

1935年	天皇機関説事件 …貴族院で美濃部達吉の 天皇機関説が批判される。

       ↳岡田啓介内閣は、天皇機関説を否定

1936年	二・二六事件…陸軍の皇道派 青年将校によるクーデタ

      ↳斎藤実内大臣や高橋是清蔵相らを殺害

      ↳鎮圧後、統制派が陸軍の主流に。 > 軍部が台頭していく！

> POINT☝ ◆皇道派：天皇親政を掲げた急進派青年将校らの一派 ┐対立
>   ◆統制派：陸軍の統制強化を掲げたエリート将校らの一派 ┘

1936~37年	広田弘毅内閣…陸軍が人事に干渉。 > 軍部大臣現役武官制復活

     ・日独防共協定 の締結（1936年）→ コミンテルンの活動に対抗

~経済統制~

1938年	国家総動員法：戦時の物資・人員を議会の承認を得ずできるようになった
1939年	価格等統制令：民需品不足による価格上昇を抑えるため公定価格を決定

       ↳闇取引が横行

1940年	切符制：砂糖、マッチ、木炭、衣料などの切符制を実施
1941年	配給制：米の配給制を実施

~新体制運動~

> 全国民勢力を結集して強力な政治体制に…！

  ↳近衛文麿を中心にほぼ全政党を解散して組織（1940年）

1940年	大政翼賛会：当初は唯一の政党をめざして結成（総裁：近衛文麿）されたが、

     産業報国会・隣組 を下部組織とする上意下達機関となる

1941年	国民学校：小学校を改称し 国家主義教育 開始

    ※さらに、皇民化政策 の実施…朝鮮台湾で日本語常用の強制、神社参拝の強制

~経済封鎖~

◎アメリカが 日米通商航海条約廃棄通告（1939年）… 日本の中国侵略に抗議→軍需物資 の入手が困難に

◎アメリカが 屑鉄・鉄鋼の対日輸出を禁止（1940年）…日独伊三国同盟への反発

      →アメリカを 仮想敵国とする

> 軍事的な衝突が発生すると想定される国のこと

頻度 ★★★★☆ 世界史 日本史

テーマ43 第二次世界大戦❶──枢軸国の攻勢

開戦と独ソの攻勢

独ソ不可侵条約を結んだドイツが、1939年9月にポーランド侵攻を行ったことにより第二次世界大戦が勃発しました。ドイツはポーランド南部のアウシュヴィッツに強制収容所を建設。ユダヤ人をはじめ、ナチス゠ドイツに逆らう多くの人々を迫害しました。ポーランド侵攻の後、ドイツは1940年にデンマーク・ノルウェー・オランダ・ベルギー侵入を仕掛けました。これにはイギリスの支援を封じる狙いがあり、フランス攻撃への布石でした。

イギリスでは、ドイツの侵攻を受け弱腰だったネヴィル゠チェンバレンに代わって対ドイツ主戦派のチャーチルが首相となり、挙国一致内閣を発足させました。一方、ドイツの優勢を見たイタリアは、防共協定国としてドイツ側で参戦しました。1940年6月、ドイツ軍がパリを占領し、フランスは降伏しました。その後、南フランスにペタンを首班とするヴィシー政府が成立し、ドイツの傀儡政権が誕生しました。一方、フランスの軍人ド゠ゴールは休戦協定に反対し、亡命先のロンドンで自由フランス政府を発足させると、フランスの人々にドイツへの抵抗運動をよびかけました。1941年半ばまでに、イギリスを除いたヨーロッパの大半がドイツとイタリアの支配下に収まりましたが、その後占領地で繰り広げられた抵抗活動をレジスタンスとよびます。

独ソ不可侵条約を締結したソ連は、ドイツと同じくポーランドへ侵攻。ポーランドはソ連とドイツによって分割されてしまいました。その後ソ連はフィンランドへ侵攻し（ソ連゠フィンランド戦争）、フィンランドのカレリア地方を制圧しました。ソ連とフィンランドの戦争を受け、国際連盟はソ連を除名しましたが、除名したところでソ連の軍事侵攻は止まらず、国際連盟は機能停止状態に陥っていきました。さらに、ソ連はバルト3国併合も断行してしまいます。

日米交渉と太平洋戦争

日中戦争において、日本は重慶政府をなかなか倒せませんでした。イギリスやアメリカなどが蔣介石を支援していたためです。そこで、日本は、1940年7月、大東亜共栄圏というスローガンを掲げ、東南アジアへの進出を始めました。まず日本は北部フランス領インドシナへの北部仏印進駐を開始します。このとき、すでにフランス本国はドイツの進撃を受けて降伏していたため、日本軍の進駐を拒めませんでした。しかし、日本はこの行動によって、アメリカやイギリスとの対立を深めていきます。

アメリカとの緊張が高まるなか、日本は日独伊三国同盟を締結しつつ、同時にアメリカとの交渉を進め、戦争を回避しようと妥協点を探りました（日米交渉）。しかし、アメリカは日本に譲歩せず、中国からの撤退及び三国同盟からの脱退を要求。日本は交渉を有利に進めるため日ソ中立条約を締結して北方の安全を確保するとともに、アメリカをけん制しました。そして日本は南部フランス領インドシナへの南部仏印進駐に踏み切ります。アメリカはこれを強く非難し、対日石油全面禁輸を実行しました。なおも日米の交渉は続きましたが、日米交渉の内容を拒否して開戦を主張し続けてきた陸軍を説得することができず、東条英機内閣のもと、1941年12月の御前会議でアメリカ・イギリスとの開戦が決定しました。日本は自衛を名目に真珠湾（パールハーバー）攻撃を仕掛け、太平洋戦争が勃発しました。その後日本は、1942年5月までに西太平洋からビルマまでの広大な領域を占領していきます。

43. 第二次世界大戦① ー 枢軸国の攻勢

~ 第二次世界大戦 勃発 の流れ ~

ヴェルサイユ条約の軍事条項を破棄！

1935年 3月	再軍備宣言 (独) … 徴兵制の復活、空軍の保有などを国際的に公言
6月	英独海軍協定 … イギリスはドイツの再軍備を容認 (宥和政策の一環)

1936年 3月	ラインラント進駐 (独) … ロカルノ条約を破棄し、非武装地帯にドイツ軍を配備

1936~39年	スペイン内戦：ファシズム寄りの軍人 (スペイン人) フランコがモロッコで反乱

- ・ドイツ・イタリアは フランコ を支持して参戦
- ・ソ連は人民戦線内閣を支援。国際義勇軍への参加を呼びかけ
- ・イギリス・フランスは 不干渉

  ⇒ 結果、フランコが勝利で終結

フランコ

1936年

＊ベルリン＝ローマ枢軸 … スペイン内戦を機にドイツとイタリアは 接近

＊日独防共協定 … 満洲事変で孤立した日本とドイツが 反ソ連で連携

↓ イタリアが加わる

1937年

日独伊防共協定 … 反ソ連・反共産主義の名目で三国が連携

1938年

オーストリア併合、ズデーテン地方併合 (独) → (テーマ40)

1939年

＊チェコスロヴァキア解体 … チェコ併合、スロヴァキア保護国化

＊ポーランド回廊 の通過権要求 (独)

> 第一次世界大戦後、独立したポーランドが得た、バルト海へつながる出口。
> これによりドイツは本土と東プロイセンが 分断されることとなった。

＊独ソ不可侵条約 … ドイツのヒトラーと ソ連のスターリンが 締結。

↳ 同時に、ポーランドと東欧での勢力範囲を決定。

ヒトラー　スターリン

こんな風刺画も描かれた…！

＊ドイツのポーランド侵攻 ⇒ 第二次世界大戦 勃発

テーマ44 第二次世界大戦❷──連合国の反撃

独ソ戦

フランスを占領したドイツはイギリスへの攻撃を開始しましたが、アメリカが**武器貸与法**を制定してイギリスを支援したため、ドイツ軍は苦戦します。そこでドイツは標的を変えバルカン半島方面へ進出・制圧しました。この侵攻にソ連は猛反発しました。ソ連の南下政策と衝突していたからです。独ソ関係は急速に悪化し、ソ連はドイツの同盟国である日本と**日ソ中立条約**を締結してドイツと戦争になった際に挟撃される危険性を回避しました。そして、ついにドイツとソ連が衝突。独ソ不可侵条約が破棄され**独ソ戦**が勃発しました。独ソの仲間割れを好機ととらえたアメリカ大統領**フランクリン゠ローズヴェルト**と、イギリス首相**チャーチル**は、1941年8月、**大西洋上会談**を開催、その成果を**大西洋憲章**として発表しました。その後、ドイツとイタリアがアメリカに宣戦布告。こうして第二次世界大戦は、大国アメリカをも巻き込む全世界規模の国際戦争に発展していきました。

ファシズム諸国の敗北

アメリカの第二次世界大戦への参戦の後、米・英を中心とする連合国軍が北アフリカに上陸し、ヨーロッパへ攻め込む拠点を設置しました。1942年8月には、独ソ間で**スターリングラードの戦い**が勃発。半年に及ぶ激戦の末ソ連が勝利しました。勢いに乗る連合国軍は、1943年にシチリア島に上陸。その後イタリア本土に攻め込みました。イタリアではムッソリーニが失脚して新政府が成立。新政府は連合国軍に無条件降伏しました（**イタリア新政府無条件降伏**）。

イタリアが敗れたことでドイツは孤立しました。ソ連は東欧に侵攻し、ドイツの支配から東欧地域を解放。一方、連合国軍は最高司令官**アイゼンハワー**の指揮で**ノルマンディー上陸**を決行しました。こうしてドイツは東西から攻撃を受け、ついに**パリ解放**が達成されました。

1945年2月、米・英・ソの首脳は**ヤルタ会談**を開催。ドイツの戦後処理などが協議され、米・英・ソによる戦後の国際体制構想が示されました。連合国軍はドイツに迫り、ヒトラーは自殺。1945年5月にドイツの首都**ベルリン陥落**が起き、ドイツは**無条件降伏**しました。

日本の敗北

1942年6月、日本は**ミッドウェー海戦**でアメリカに敗北。多くの戦力を失いました。さらに日本は、**ガダルカナル島**でもアメリカに敗れ、撤退を余儀なくされました。アメリカ軍優勢のなか、1943年11月、米・英・中の首脳が**カイロ会談**を開催。対日戦の基本方針や日本の戦後処理が協議され、合意事項は**カイロ宣言**として発表されました。

日本は、食料などの**配給制・切符制**、**学徒出陣**や**勤労動員**など**総力戦**（➡ テーマ**30**）をもって戦いに臨みましたが、1944年7月には**サイパン陥落**が起き、東条英機内閣は戦局悪化の責任をとって総辞職しました。アメリカ軍は攻勢を強め、**東京大空襲**や**沖縄戦**を決行。1945年7月には、米・英・ソの首脳が会談し、日本とドイツの戦後処理が協議され、日本へ無条件降伏を勧告する**ポツダム宣言**が発表されました。日本政府はこれを無視して戦争を継続しますが、アメリカは8月6日、広島に人類史上初めて**原子爆弾（原爆）**を投下しました。しかし日本は降伏せず、8月8日に**ソ連の対日宣戦**、8月9日にはアメリカによる**長崎への原爆投下**を招きました。8月14日に至り、ようやく日本はポツダム宣言を受諾して無条件降伏し、第二次世界大戦が終結しました。

44. 第二次世界大戦②-連合国の反撃

～戦局の拡大(ヨーロッパ)～

1939年	ドイツのポーランド侵攻 → 開戦 … イギリスとフランスがドイツに宣戦
1941年	独ソ戦の開始 → 戦線の拡大
1942~43年	スターリングラードの戦い → ドイツ軍大敗。戦局転換

(ドイツ軍の劣勢。敗色が濃厚に。)

ヒトラー　スターリン

～戦局の転換(アジア・太平洋)～

1937年	盧溝橋事件 → 日中戦争に突入.
1941年	真珠湾攻撃 → 日米開戦。戦局の拡大.
1942年	ミッドウェー海戦 → 日本軍が制空権、制海権を喪失。戦局転換.

(日本は以降、劣勢に。)

～第二次世界大戦中の連合国の会談～

| 1941年 | 大西洋上会談〔米・英〕 |

・大西洋憲章の表明… 領土不拡大・民族自決、国際平和機構の再建(→国際連合)

| 1943年 | カイロ会談〔米・英・中〕 |

・カイロ宣言の表明… 中国に満洲・台湾等返還、朝鮮の独立、日本の無条件降伏まで
(対日戦の基本方針) 戦ウ。

| 1943年 | テヘラン会談〔米・英・ソ〕 |

・対ドイツ戦争の基本方針の確認と、ドイツ降伏後のソ連対日参戦の誓約

| 1945年 | ヤルタ会談〔米・英・ソ〕 |

・ヤルタ協定 … 無条件降伏。戦後は 米英・仏ソ4カ国が共同管理 など
(ドイツの戦後処理)　└ドイツ降伏の3カ月以内にソ連が対日参戦を約束
ソ連は見返りに南樺太、千島列島全島を獲得

米ソ秘密協定

| 1945年 | ポツダム会談〔米・英・ソ〕 |

・ポツダム協定… ドイツの戦後処理の最終確認.
・ポツダム宣言… 日本の無条件降伏と領土策定、
戦後の連合国占領、日本の民主化

コーヒーの歴史

　皆さんは、コーヒーは好きですか？　コーヒーは、世界的にはお茶の次によく飲まれている飲み物だとされています。

　コーヒーの語源は、アラビア語の「カフワ」。ちなみに、カフワの語源はエチオピアの地名カファだという説があります。文献に登場する、コーヒーに関する最古の記録は、10世紀のイスラーム医学者ラージーによるものです。

　有名な医学者・哲学者の**イブン＝シーナー**の『医学典範』の「薬」の項目にも、コーヒーに関する記述が出てきます。この頃のコーヒーは、嗜好飲料ではなく「医薬品」として認識されていたのです。

　15世紀になると、コーヒーは、アラビア半島の端っこにあるイエメンで活動するスーフィーたちの間に広まりました。イスラーム神秘主義哲学者であるスーフィーたちは、俗世を捨て、厳しい修行によって自分の内なる神の精神に触れようとします。神の名前を夜通し唱える修行に没頭してトランス状態に陥るため、カフェインの覚醒作用を重宝したのでしょう。諸説ありますが、これが嗜好飲料としてのコーヒーの始まりだとされています。コーヒーは、やがて、勉強や仕事をはかどらせるという目的で、学生や学者、一般市民も飲むようになりました。今でいう「エナジードリンク」ですね。

　また、コーヒーは、マムルーク朝の首都カイロにも伝わっていきました。マムルーク朝はオスマン帝国の**セリム１世**によって征服されたため、カイロからトルコにかけての一帯は、広大な「コーヒー天国」となりました。イスタンブルのコーヒー店は600軒以上にのぼったとされます。コーヒー店は、イスラームの戒律に違反しているとして、スルタンによる弾圧の対象となりました。スルタンは、コーヒーを、精神に作用するから酒と同類であるとみなしたのです。このコーヒー禁止令により、飲んでいるのが見つかったら即死刑が実行され、なんと３万人以上が殺されたと言われています。

　コーヒーは、イスラーム商人との東方貿易や東インド会社経由でヨーロッパにも持ち込まれます。

　イギリスでもコーヒーは大流行し、ロンドンだけで3000軒以上の**コーヒーハウス**が建ち並びました。店内には新聞や雑誌が置かれ自由に読めたため、この場が市民革命の推進力にもなっていきます。それまで人々は居酒屋で議論していたため、酔っ払ってしまいそれどころではなかったのです。

　こうした状況に対し、国王**チャールズ２世**は、コーヒーハウス閉鎖令を出しましたが、あまりに強い反発を受けたため、たった10日で撤回する羽目になってしまいました。

　なお、男たちが家をほったらかしてコーヒーハウスに連日入りびたっていたため、妻たちが「コーヒーは出生率を低下させる」としたパンフレットを発行するという珍事まで発生しました。

第**3**部

グローバル化の中の日本・世界

　ここまで確認してきたように、近代以降の世界では「世界の一体化」が１つのキーワードになっています。そのなかでも特に19世紀以降の、人（労働力）やカネ（資本）、商品やサービス、そして情報が国境を越えて移動し、世界における政治的・経済的な結びつきや動きが大規模化・高速化していく過程を「グローバル化」といいます。とりわけ、20世紀以降のグローバル化は、国家が抱える問題もまた国境を越えてしまうということを如実に示しています。

　第二次世界大戦終結後の国際秩序は、これまでくすぶり続けていた「資本主義 vs 社会主義」の構図が先鋭化していきました。大戦を勝ち抜いたアメリカとソ連を中心に、世界は「冷戦」へと突入していったのです。太平洋戦争を引き起こした日本も、こうした対立構造のなかで、いわば対社会主義の防波堤として主権を回復し、資本主義陣営として国際社会への復帰を果たすこととなります。一方で、ヨーロッパや東南アジアなどの第三世界は、どちらの陣営にも属さず独自の動きを見せます。冷戦は、世界各地にさまざまな分断や統合をもたらしていきました。

　では、その後の世界は、いったいどうなっていったのでしょうか。

　世界は、移民の流入やそれに対する反発、地域紛争、テロのリスクや環境問題など、多極化やグローバル化が進んだからこそ生じた新たな問題に直面しています。グローバル社会が現出した今、日本は、世界が抱える諸問題と決して無関係ではありません。

　現代という時代は、人々による「共生」のよりよいあり方が模索されるなかで、日本を含む各国が対立を乗り越え、積極的に国際協力の道を切り開いていかなければならないという、新たな歴史の局面に突入しているのです。

テーマ 45 新たな国際秩序の形成

新たな国際秩序

第二次世界大戦終結後の **1945年10月**に**国際連合**が発足し、本部はアメリカの**ニューヨーク**に置かれました。再度の世界大戦の勃発を防ぐために組織された国際連合は、決定した事項の実行力に難のあった**国際連盟**の反省をいかし、複数の主要機関を有します。

総会は国際連合全体の意思決定を行う役割を持ち、全国連加盟国によって構成され、各国が1票を有する**多数決**によって物事を決定します。**安全保障理事会**は、国連のなかで最も大きな権限を有し、国際社会の平和と安全を維持する役割を担っています。安保理は**米・英・仏・ソ・中**の**常任理事国**と、定期的にメンバーが入れ替わる**非常任理事国**とで構成されます。常任理事国は**拒否権**を持ち、1国でも拒否する場合には安保理は決議を採択することができません。

また、戦争を引き起こした大きな要因に、世界恐慌に際して**ブロック経済**（➡テーマ **39**）で締め出された国の強硬化がありました。そのため、戦後は新たな経済秩序の構築が必要でした。まず、戦後復興を支援する目的で**国際復興開発銀行（IBRD）**、緊急時に経済的な援助を行う**国際通貨基金（IMF）**が設立され、アメリカの通貨＝ドルを基軸とした**金ドル本位制**（**固定為替相場制**）が導入されました。ドルと他国の通貨との交換比率を一定に保つことで貿易を発展させ、経済の安定を意図したものです。このようにして、第二次世界大戦後にはアメリカを中心とした新たな経済体制が構築されました。これを**ブレトン＝ウッズ国際経済体制**とよびます。

米ソの対立＝「冷戦」

第二次世界大戦終結後、アメリカを中心とする**資本主義陣営**（**西側陣営**）とソ連を中心とする**社会主義陣営**（**東側陣営**）の対立が顕著になっていきました。アメリカのトルーマン大統領は**1947**年に**トルーマン＝ドクトリン**を発表しました。社会主義勢力に対する「**封じ込め政策**」です。内容は**ギリシア**と**トルコ**を援助し、両国の社会主義化を阻止するものでした。また、アメリカの国務長官マーシャルは**マーシャル＝プラン**（**ヨーロッパ経済復興援助計画**）を発表。全ヨーロッパを対象とした経済援助を表明しました。各国の経済を安定させ、社会主義化を防ぐ狙いがあります。アメリカの動きに対し、ソ連を中心とする社会主義陣営は**コミンフォルム**（**共産党情報局**）を結成し、各国の共産党は連携を強めていきました。**チェコスロヴァキア**では共産党によるクーデタが勃発し、大統領の**ベネシュ**が辞任に追い込まれ、この事件を皮切りに東欧諸国では**人民民主主義**の体制が敷かれて、各国で実質的な共産党の独裁体制が確立されていきました。

東西に分割統治されていたドイツでは、**1948**年、西側管理地区で通貨改革が実施されました。これに反発したソ連は、東側管理地区に位置するベルリンから、西側へとつながる道路や鉄道を閉鎖しました（**ベルリン封鎖**）。翌年封鎖が解除されると、東西ドイツは**ドイツ連邦共和国**（**西ドイツ**）と**ドイツ民主共和国**（**東ドイツ**）という別々の独立国家になります。さらに同年、英・仏などが**西ヨーロッパ連合条約**（**ブリュッセル条約**）という軍事条約を結び、また**1949**年にソ連は東欧への支配を強化するため、**経済相互援助会議（COMECON）**を結成するなど、両者の対立は本格化しました。この資本主義陣営 vs 社会主義陣営の対立構造を「**冷戦**」といいます。

45. 新たな国際秩序の形成

~国際連盟と国際連合の比較~

国際連盟		国際連合
ジュネーヴ（スイス）	本部	ニューヨーク（アメリカ）
全加盟国による1国1票の全会一致制	議決方式（総会）	全加盟国による1国1票の多数決制
英・仏・伊・日 ※米の不参加、独・ソ連の排除など、大国の不参加で影響力が低い	常任理事国および大国の動向	安全保障理事会の常任理事国は米・英・仏・ソ連・中国（中華民国） ⇒拒否権を持つ（五大国一致の原則）
不明瞭（経済制裁が主な手段）	制裁方式	経済制裁などの非軍事的な措置以外に、国連軍による軍事制裁も可能

~冷戦下のヨーロッパ~

NATO 加盟国（1955年時点）　イギリス、フランス、イタリア、西ドイツ、オランダ、ベルギー、ルクセンブルク、ノルウェー、ポルトガル、ギリシア、トルコ など

ワルシャワ条約機構 加盟国　ソ連、東ドイツ、ポーランド、チェコスロヴァキア、ハンガリー、ルーマニア、ブルガリア、アルバニア（※ユーゴスラヴィア：自主路線）

テーマ **46** 戦後の東アジア

中華人民共和国の成立

日中戦争が始まると、**蒋介石の中国国民党**と**毛沢東の中国共産党**は協力し、**抗日民族統一戦線**を築きました（**第2次国共合作**）。しかし、日本が敗れると、両党は中国の指導権をめぐって再び争うようになります。この争いを**国共内戦**といい、当初はアメリカの支援を受けた国民党側が優勢でしたが、毛沢東は国内の多数を占める農民に対し、地主の土地所有の廃止を宣言して支持を獲得しました。農民を味方につけた共産党は最終的に国民党に勝利。蒋介石率いる国民党は中国を脱出し、**中華民国政府を台湾**に移します。

内戦に勝利した共産党は、**1949**年に国号を**中華人民共和国**とし、首都を**北京**に定めました。毛沢東は**国家主席**となり、首相には**周恩来**が就任。共産党の党首でもある毛沢東を周恩来が支える体制が整いました。この時点では蒋介石率いる中華民国は国連安全保障理事会（**安保理**）の常任理事国の地位を維持しており、中国には2つの政府が存在する状態でした。冷戦構造下にあって、資本主義国の多くは共産党を基盤とする中華人民共和国を承認しませんでした。そこで、国家主席となった毛沢東は、**1950**年に**中ソ友好同盟相互援助条約**を締結。アメリカや日本を共通の敵とする軍事同盟を結成しました。さらに**朝鮮戦争**では、ソ連と協力した中華人民共和国が**人民義勇軍**を派遣して北朝鮮を支援するなど、中ソ両国の関係性は深まっていきました。また、国内政治では毛沢東は**土地改革**を実施。大地主の土地を没収して、貧農たちに分配しました。さらに**1953**年からは、ソ連にならった**第1次五カ年計画**を実施。工業化と農業の集団化によって、社会主義国家の建設を目指しました。

朝鮮戦争

第二次世界大戦開始時から、朝鮮は日本の支配下にありました。第二次世界大戦で日本が敗れ日本軍が朝鮮半島から撤退すると、朝鮮独立とはならず、米ソに分割占領されることになりました。**北緯38度線**を境に、北部はソ連の、南部はアメリカの管理下に置かれ、**1948**年、半島南部に**大韓民国（韓国）**、北部に**朝鮮民主主義人民共和国（北朝鮮）**が成立しました。韓国の首都は**ソウル**で、初代大統領に**李承晩**が就任し、一方、北朝鮮の首都は**平壌**で、初代首相に**金日成**が就任しました。北朝鮮は社会主義国家へ、韓国は資本主義国家へと歩み出し、朝鮮は分断を深めていくことになります。

前項の中華人民共和国の成立によって事態が動きます。中国が同じ社会主義陣営となり、挟撃のおそれがなくなった金日成は北緯38度線を越えて韓国領内に侵攻、朝鮮戦争が勃発しました。**アメリカ**は即座に国連の緊急安全保障理事会を開き、北朝鮮の行動を侵略とみなしてアメリカ軍主体の**国連軍出動**を実行しました。このときソ連は中国の**国連代表権**が台湾政府にあることを不当とし、安保理を棄権していたので**拒否権**は使えませんでした。国連軍によって劣勢に立たされた北朝鮮軍ですが、事態を重く見た中国が**人民義勇軍**を派遣します。この軍は秘密裏にソ連の支援を受けて大幅に強化されていたこともあり、戦線は38度付近で膠着状態に陥りました。**1953**年には**朝鮮休戦協定**が結ばれたものの、その後も両国は緊張状態が続き、北朝鮮では金日成による**独裁体制**が、韓国では李承晩による**強権政治**が展開されることとなります。朝鮮戦争は米ソが支援する代理戦争の様相を呈し、アジア地域を冷戦体制に組み込んでいくこととなりました。

46. 戦後の東アジア

⌐→台湾に政府をうつす

第二次世界大戦後、中国大陸では、共産党(毛沢東と)と国民党(蔣介石)が対立=国共内戦

↳国民の支持を得て、1949年 中華人民共和国成立
(首都:北京、国家首席:毛沢東)

～中華人民共和国の政策～

毛沢東

* 中ソ友好同盟相互援助条約…ソ連が中国を全面的に援助することを約束
  ↳本格的に社会主義国家の建設へ

* 第1次五カ年計画…ソ連の援助で重工業優先の工業化と農業の集団化

* 中ソ対立…フルシチョフのスターリン批判と平和共存政策を契機
  中ソ関係の悪化 ⇒ 後に、中ソ国境紛争へ

フルシチョフ　　スターリン

* 「大躍進」…人民公社の創設:農村重視の社会主義化
  ⇒ 大飢饉の発生…

* プロレタリア文化大革命…・劉少奇と鄧小平の失脚
                       ・周恩来死去→天安門事件の発生
                       ・毛沢東死去→文化大革命の終焉

天安門

～朝鮮戦争の勃発～ ※1948.8大韓民国成立、1948.9朝鮮民主主義人民共和国成立

① 1950年6月

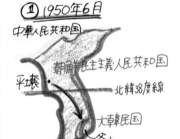
中華人民共和国
朝鮮民主主義人民共和国
平壌
北緯38度線
大韓民国
釜山

(契機) 中華人民共和国の成立で、資本主義陣営に挟撃される心配消え
⇓
北朝鮮軍が、北緯38度線を越えて、一気に釜山まで侵攻

西側陣営の反応
・アメリカは、国連の緊急安全保障理事会を開催
・国連軍出動を決定　　⌐→ ソ連は欠席!!
  ※当時の常任理事国は、米・英・仏・ソ連と中華民国
・国連軍が北朝鮮軍を中国国境付近まで押し返す

② 1950年11月

中華民国
義勇軍
平壌
ソウル
国連軍

東側陣営の反撃
・人民義勇軍(中華人民共和国)を北朝鮮に派遣
・平壌を奪還し、ソウルを再び占領

③ 1951年7月

軍事境界線
板門店
平壌
ソウル

(休戦) 板門店で休戦会談。北緯38度線付近を軍事境界線に
  → 正式な講和条約は未だに結ばれず。

≪日本への影響≫
・社会主義に対する防壁にするため、日本独立が進展 →テーマ49
・サンフランシスコ平和条約や日米安全保障条約の締結
・警察予備隊の結成
・特需景気の到来 →高度経済成長へ

テーマ 47 戦後の東南アジア・南アジア・西アジア

ベトナムの分裂

第二次世界大戦中、ベトナム独立同盟会を結成して日本に対抗した**ホー = チ = ミン**（→テーマ**36**）は、日本が敗れるとすぐにハノイを首都とする**ベトナム民主共和国（北ベトナム）**を建国し、フランスからの独立を宣言しました。しかし、ホー = チ = ミンが共産党の指導者だったため、国内の地主や資本家の反発を招いたほか、独立を認めないフランスがベトナム南部に**バオダイ**を主席とする**ベトナム国**を発足させた結果、**インドシナ戦争**に突入しました。フランスは**ディエンビエンフー**で敗北すると、**ジュネーヴ休戦協定**を結んでベトナム民主共和国を承認しました。

しかし、この協定をよしとしなかったのが**アメリカ**です。アメリカは協定の調印を拒否し、共産主義の拡大を防ぐために**東南アジア条約機構（SEATO）**を結成しました。また 1955 年には**ゴ = ディン = ジエム**を支援し、バオダイを排除して南部に新たに**ベトナム共和国（南ベトナム）**を樹立させてベトナムを南北に分断しました。

戦後のインドと宗教対立

第二次世界大戦で疲弊した**イギリス**はインド支配から撤退し、1947 年に労働党の**アトリー内閣**のもとで**インド独立法**を成立させました。独立に際し、パキスタンの帰属をめぐって**国民会議派**のガンディーやネルーと、**全インド = ムスリム連盟**のジンナーが対立しました。その結果、インドはヒンドゥー教徒を中心とした**インド連邦**と、イスラーム教徒を中心とする**パキスタン**に分かれ、イギリス連邦内の**自治領**としてそれぞれ独立しました。

しかし、独立直後からパキスタンからヒンドゥー教徒が、そしてインドからイスラーム教徒が難民として移動を始め、虐殺や略奪などの問題が生じてしまい、両者の対立は深刻になっていきました。**カシミール**の帰属をめぐる**カシミール紛争**が深刻化して**インド = パキスタン戦争**が起こるなど、両者の隔絶が深まるなかで、融和を説き続けたガンディーが狂信的なヒンドゥー教徒によって暗殺されてしまいました。その後、インドの首相となったネルーは**インド共和国**を成立させ、米ソどちらの陣営とも同盟しない**非同盟・中立外交**を展開して**第三世界**の形成を促進していきました。

西アジアの民族運動

戦後の西アジアでは、大戦期にソ連の進出を受けた**イラン**において国王の**パフレヴィー2世**がアメリカ・イギリスの支援を受けて勢力を保持していました。しかし、イランの主力産業である石油産業は、イギリスがつくった**アングロ = イラニアン石油会社**が牛耳っており、高まる国民の不満は民族運動に発展しました。1951 年に首相の**モサデグ**が**石油国有化**を行うと、これに反発したアメリカ・イギリスは国王のパフレヴィー2世を支援し、モサデグを打倒しました。この後イランは親米路線のなかで軍事大国として力をつけていきます。**イラク**では、イギリスの支援を受けたファイサル2世が強権を振るっていましたが、民族主義者の軍人**カセム**が 1958 年に将校を率いて**イラク革命**を起こし、国王を打倒してイギリス支配から脱却します。しかし、国内の格差問題を解消できなかったことから、地主階級の打倒を掲げて社会主義的な政治を主張する**バース党**がクーデタで政権を奪取しました。その後党内の実力者となったのが**サダム = フセイン**です。

47. 戦後の東南アジア・南アジア・西アジア

~ 東南アジア諸国の独立 ~

─ フィリピン ─
- 太平洋戦争後、アメリカが再占領
- → 1946年、アメリカから独立
- ⇒ 独立後もアメリカに従属。
  米軍の東南アジアにおける拠点に。

─ インドネシア ─
- 1945年、スカルノが インドネシア共和国 の独立を宣言
- → オランダは独立を認めず戦争へ突入
- ⇒ 1949年、ハーグ協定で オランダは独立を承認

─ ビルマ ─
- アウン=サンを中心に、独立闘争 を展開。独立協定で イギリスから 独立
- 直後にアウン=サンは暗殺され、政情不安に。

─ マレー半島 ─
- 1957年、イギリス連邦内の 自治領として独立。
  (マラヤ連邦)

─ カンボジア ─
- 第二次世界大戦後、フランスから独立
- ジュネーヴ会議で独立を承認
- ⇒ 社会主義系の勢力と親米勢力との対立を きっかけに、政情不安に。

─ ラオス ─
- 1953年、フランスから独立 を達成するも、政治対立 から政情不安に。

~ 中東問題 ~

★ シオニズム = ユダヤ人国家の建設をめざす運動

〈 中東問題の経過 〉

(1) イギリスの矛盾外交

> パレスチナは、アラブ人の領土だよ！

- フセイン=マクマホン協定 (1915年) ... 第一次世界大戦後に、アラヴ人の オスマン帝国領からの独立を約束
  → 大戦後に約束は果たされず。

> パレスチナに建国しようね！

- バルフォア宣言 (1917年) ... ユダヤ人に パレスチナでの ユダヤ人国家の建設を約束

(2) ヒトラーのユダヤ人迫害 (1920年代~)
... シオニズム運動が本格化し、パレスチナへの ユダヤ人の移住が急増

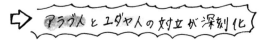 アラヴ人 と ユダヤ人の対立が深刻化

(3) イスラエルの建国 (1948年)
... 国連総会で パレスチナ分割案が決定 (1947年)
→ 分割案を受け入れた ユダヤ人が イスラエルを建国

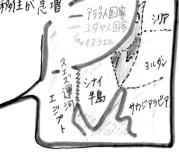

 第1次中東戦争 (1948年) ... 分割案に反対した アラブ諸国が開戦

> パレスチナにはもともと 多くのアラヴ人が住んでいたのに、少数 のユダヤ人に与えられた土地の方が広かった (⑦44%、④56%)

第0章
第1章
第2章
第3章
第4章
第5章
第6章
第7章
第8章
第9章
第10章

テーマ**48** 日本の戦後処理と民主化

終戦処理と戦犯裁判

1945 年 9 月 2 日、ミズーリ号上での**降伏文書調印**により、日本は**ポツダム宣言**に基づいて連合国に占領されることになりました。同じ敗戦国ドイツがアメリカ・イギリス・フランス・ソ連 4 カ国によって分割占領され、直接軍政のもとに置かれたのに対し、日本の場合はアメリカ軍による事実上の単独占領で、**マッカーサー**元帥を最高司令官とする**連合国軍最高司令官総司令部（GHQ）** の指令・勧告に基づいて日本政府が統治を行う**間接統治**の方法がとられたのです。

しかし皇族の**東久邇宮稔彦内閣**は、GHQ による**治安維持法**の廃止や共産党員はじめ政治犯の即時釈放などの**人権指令**に対して、「一億総懺悔」「国体護持」を唱えて占領政策と対立して総辞職しました。代わって**幣原喜重郎**が首相に就任すると、GHQ はいわゆる**五大改革指令**を口頭で行いました。

GHQ は軍や政府首脳など日本の戦争指導者たちを逮捕しましたが、うち 28 名が **A 級戦犯**として起訴され、1946 年 5 月から東京に設置された**極東国際軍事裁判（東京裁判）** によって、1948 年 11 月に**東条英機**元首相ら 7 名の絞首刑判決などが確定しました。

新憲法制定と民主化

幣原喜重郎内閣は GHQ に**憲法改正**を指示され、政府内に憲法問題調査委員会を設置しました。しかし、同委員会作成の改正案が天皇の統治権を認める内容であったため、GHQ は**国民主権・象徴天皇制・戦争放棄（平和主義）** などを盛り込んだ改正草案を作成して、日本政府に提示しました。政府はこれにやや手を加えて和訳したものを原案とし、改正案は**衆議院**と**貴族院**で修正可決された後、**日本国憲法**として 1946 年 11 月 3 日に公布、1947 年 5 月 3 日から施行されました。

GHQ は、**財閥解体**を経済民主化の中心課題としました。まず**三井・三菱・住友・安田**など 15 財閥の資産の凍結・解体が命じられました。翌年には**持株会社整理委員会**が発足し、指定された**持株会社**（傘下の会社を支配する会社）・財閥家族の所有する株式などの譲渡を受けて、これを一般に売り出しました。さらに 1947 年にはいわゆる**独占禁止法**によって持株会社や**カルテル**（企業同士の協定）・**トラスト**（企業同士の合併）などが禁止され、**過度経済力集中排除法**によって巨大独占企業の分割が行われることになりました。続いて、GHQ は**農地改革**の実施を求めました。1946 年の**自作農創設特別措置法**によって、**不在地主**の全貸付地、**在村地主**の貸付地のうち一定面積を超える分を国が強制的に買い上げ、自分で土地を所有しない**小作農**へ優先的に安く売り渡しました。

労働政策としては、まず 1945 年 12 月に**労働組合法**が制定され、労働者の**団結権・団体交渉権・争議権**が保障されました。翌年には争議調整方法などを規定した**労働関係調整法**、そして 1947 年には 8 時間労働制などを規定した**労働基準法**の**労働三法**が制定され、労働省が設置されました。

教育の自由主義的改革としては、1947 年、教育の**機会均等**や**男女共学**をうたった**教育基本法**が制定され、**義務教育**が 6 年から **9 年**に延長されました。また同時に制定された**学校教育法**により、**六・三・三・四制**が発足しました。

なお 1945 年には**女性参政権**を認めた**衆議院議員選挙法改正**が実施されています。そして、その翌年には戦後初の総選挙が行われ、**39 人**の女性議員が誕生することになったのです。

48、日本の戦後処理と民主化

日本占領の統治機構

極東委員会（@ワシントン）…占領政策決定の最高機関。11ヵ国で構成。

アメリカ政府

⬇ 指令

連合国軍最高司令官総司令部（GHQ）
※↳これの諮問機関＝対日理事会（@東京）…米・英・中・ソの4ヵ国で構成。

General Headquarters
of the Supreme Commander
for the Allied Powers GHQ最高司令官マッカーサー

⬇ 指令・勧告（間接統治という形をとる）

日本政府

⬇ 実施（ポツダム勅令が発せられる。…1947年よりポツダム政令に。1952年廃止。）

日本国民

～A級戦犯とB・C級戦犯～　　※戦犯＝戦争犯罪人のこと

	問われた罪	裁判の形式
A級戦犯	平和に対する罪	極東国際軍事裁判・公開
B・C級戦犯	人道に対する罪	各国の軍事裁判・非公開

東条英機 など.

～財閥解体と農地改革

|財閥解体| 背景：財閥は、軍需品生産などで巨大な利益を得、日本の軍国主義の温床
目的：株式の所有による財閥傘下の各企業支配を除去、巨大独占企業を解体・分割
結果：資本家の財産が急減、企業間競争を活発におこなう条件が整う

|農地改革| 背景：寄生地主制による農村の窮乏が軍国主義の基盤、侵略戦争の動機
目的：封建的な寄生地主制を解体し、安定的な自作農を大量に創出
結果：小作地が減少、大半の農家が自作農に転化。地主は経済力を失う。

～戦後経済の混乱～

| 1945年 | 戦後インフレ…食糧不足により各地で買出しや闇市が行われた.
| 1946年 | 金融緊急措置令…旧円を預金封鎖して、一定額の新円のみ引き出し可として通貨量削減
| 1946年 | 食糧メーデー…皇居前に食糧を求めるデモ隊
| 1946年 | 傾斜生産方式…石炭・鉄鋼などに資金・資材を投入する

他の産業
石炭・鉄鋼

テーマ **49** 占領政策の転換と日本の独立

中道政権の誕生

1947年4月、新憲法下の新しい政府を組織するため衆参両院議員の選挙が行われました。その結果、**日本社会党**が衆議院第一党となり、**片山哲**が首班指名で選出され、**民主党・国民協同党**との**連立内閣**が発足しました。しかし、炭鉱国家管理法案などの問題で党内左派から攻撃され、翌年2月に総辞職しました。GHQが**中道政権**を希望したため、民主党総裁の**芦田均**が同じ3党の連立で内閣を組織しましたが、**昭和電工事件**という汚職事件が起きたため総辞職しました。

占領政策の転換と朝鮮戦争

中国の国共内戦（**➡テーマ46**）で共産党の優位が明らかになると、**アメリカ**は対日占領政策を転換しました。占領政策の転換と同時に、**1948年10月**に芦田均の連立内閣が倒れ、**民主自由党の第2次吉田茂内閣**が成立しました。**片山哲内閣**のもとでも実施された**傾斜生産方式**（**➡テーマ48**）は、生産再開の起動力となりましたが、赤字財政による巨額の資金投入にともなってますます**インフレ**が進行しました。これに対応するため、GHQは**1948年12月**、第2次吉田茂内閣に対し、**経済安定九原則**の実行を指令しました。**1949**年には銀行家のドッジが派遣され、一連の施策を指示しました（**ドッジ＝ライン**）。**第3次吉田茂内閣**はドッジの要求に従い、まったく赤字を許さない**超均衡予算**を編成して財政支出を大幅に削減しました。次いで、**1ドル＝360円の単一為替レート**を設定して日本経済を国際経済に直結させ、国際競争のなかで輸出振興を図ろうとしました。この結果**インフレ**は収束しましたが、同年後半からの不況が深刻化し、失業者があふれました。**朝鮮戦争**（**➡テーマ46**）が始まると、在日アメリカ軍が朝鮮に動員された後の軍事的空白を埋めるため、GHQの指令で**警察予備隊**が新設されました。これより先、GHQは**日本共産党幹部の公職追放**を指令し、戦争勃発に続いて共産主義者の追放にあたる**レッド＝パージ**が始まりました。

平和条約と日米安全保障条約の締結

朝鮮戦争で日本の戦略的価値を再認識したアメリカは、占領を終わらせて日本を早期に**西側陣営**に編入しようとしました。そこで、アメリカの外交顧問であった**ダレス**らは、ソ連など**東側陣営**を排除することで対日講和を行い（＝**単独講和論**）、講和後もアメリカ軍を日本に駐留させることなどを条件に準備を進めたのです。

1951年9月、**サンフランシスコ講和会議**が開かれ、日本と48カ国との間で**サンフランシスコ平和条約**が調印されました。翌年4月、条約が発効して占領は終結し、日本は独立国としての主権を回復しました。この条約は交戦国に対する日本の**賠償責任**を軽減しましたが、領土については厳しい制限を加えました。そして平和条約の調印と同じ日、**日米安全保障条約**が調印され、独立後も日本国内にアメリカ軍が駐留を続けることで日本の防衛に寄与することになりました。

ところで、サンフランシスコ平和条約と日米安全保障条約が同じ日に調印されたのはなぜだと思いますか？ 冷戦下で起こった朝鮮戦争のさなかでもあり、日本の平和と安全の確保は警察予備隊だけでは現実的に難しく、アメリカに依存せざるを得なかったからです。そのため、日本側からアメリカ軍駐留を希望するというあり方によって、基地の存続を認める方針を固めていったのです。

49. 占領政策の転換と日本の独立

─ サンフランシスコ平和条約 (1951年)

★ 全権 … 吉田茂、苫米地義三、池田勇人ら6名

★ 単独講和 …
- 不調印: ソ連、チェコスロヴァキア、ポーランド
- 不参加: インド、ビルマ (現ミャンマー)、ユーゴスラヴィア
- 不招請: 中華人民共和国、中華民国

> 西側陣営とのみ

> ちなみに…麻生太郎の祖父は吉田茂

★ 内容 ……
- ＊ 戦争状態の終結 = 主権の回復
- ＊ 領土
  - └ 朝鮮の独立承認。台湾及び澎湖諸島の放棄 ← カイロ宣言 (1943.11)
  - └ 千島列島、南樺太の放棄 ← ヤルタ協定 (1945.2) 　[日本には返還されず]
  - └ 沖縄と小笠原諸島はアメリカの信託統治のもとにおく
- ＊ 日本の自衛権、集団的安全保障の取り決めや外国軍隊の駐留の承認
- ＊ アメリカの意向で主な連合国は、賠償請求権放棄　[安保の布石…!]
- ＊ 賠償請求権を放棄していない以下の東南アジア諸国とは賠償協定
  - ↳ 戦後独立したフィリピン、ビルマ、インドネシア、南ベトナム … [11億ドル]

─ 日米安全保障条約 (1951年)

★ 内容 …. 極東の平和と安全のため米軍駐留を認め、日本の防衛に寄与すること。とされた

★ 問題点 …
- ＊ 国内問題への介入を承認 (内乱条項)
- ＊ 米軍の行動範囲が不明確 (極東条項)
- ＊ 米軍の日本防衛義務が明記されていない
- ＊ 条約期限の明示がない

> つまり、日本は主権を回復し、独立を果たしたが、米軍は日本に駐留し続けることとなった。

─ 日米行政協定 (1952年)

★ 内容 … 安保の施行規則、駐留費用の分担制

∟ 占領期の世相と文化 〜

♪ 「東京ブギウギ」大流行!

笠置シヅ子

『ビルマの竪琴』
(著: 竹山道雄)
戦時中のビルマが舞台。モデルは日本兵。

『きけわだつみの声』
学徒出陣戦没者の遺稿集

湯川秀樹
日本人初のノーベル賞受賞 (1949)

フジヤマのトビウオ
古橋広之進
水泳自由形で世界新記録 (1949)

テーマ 50 核兵器開発競争と集団防衛体制

核兵器開発競争

1945 年に世界初の**原子爆弾（原爆）**の開発に成功し、世界唯一の**核保有国**となった**アメリカ**は、当時軍事的に圧倒的に優位だったといえるでしょう。核兵器を制するには核兵器を所有するしかないと考えた**スターリン**は**核兵器開発**を急ピッチで進め、1949 年にはソ連が核実験に成功し、世界で 2 番目の核保有国となりました。核兵器の独占が崩れたことはアメリカに大きな衝撃を与え、**核兵器開発競争**が白熱します。

1952 年にアメリカが原爆以上の威力を有する**水素爆弾**の開発に成功すると、翌年にはソ連もこれに続きました。米ソの核開発競争はさらに過熱し、冷戦体制の対立を先鋭化させていくこととなりました。また、米ソ以外の国々も国際社会のなかにおける自国の優位性を高めるべく、核兵器開発競争に参加していきました。米ソに次いで**イギリス・フランス**が原爆の開発に成功し、1964 年には**中国**も核保有国になりました。テーマ 47 で確認した、宗教対立の果てに分裂した**インド**と**パキスタン**も原爆の開発に成功しています。

一方で、核兵器開発には大量の放射性汚染物（「死の灰」）を生み出す核実験がともない、それによって無関係の市民が被曝する事故が発生しました。アメリカが**ビキニ環礁**で行った水爆実験では、多数の周辺住民が被曝被害を受けました。1954 年には日本のマグロ漁船**第五福竜丸**が被曝し、乗員に死傷者が出ました。この事件をきっかけに、世界唯一の原爆投下が行われた日本で核兵器に対する反対運動が高揚することになります。

集団防衛体制

冷戦体制下ではアメリカとソ連が直接に戦闘を交えることはありませんでしたが、当然両国はおたがいを仮想敵国と想定し、自国の軍事強化に励むだけでなく、主義を同じくする国同士で協調体制を築いていきました（➡テーマ 45）。経済的な協力関係から出発したそれぞれの協調体制は**軍事同盟**へと発展し、世界中を巻き込んで**集団防衛体制**が構築されていきました。

ベルリン封鎖（➡テーマ 45）以降、もはや外交交渉だけでは東西対立が緩和できない事態に至ると、アメリカは連携を強める東側諸国に対して、1949 年 4 月に**北大西洋条約機構（NATO）**を結成しました。さらにアメリカはソ連を中心とした社会主義圏を封じ込めるために、世界各地に軍事同盟を拡大していきます。1950 年代半ばまでに、南北アメリカ大陸諸国間で**米州機構（OAS）**、東南アジアで**東南アジア条約機構（SEATO）**、中東における軍事同盟**バグダード条約機構（中東条約機構、METO）**が次々に結成されていきました。**日米安全保障条約**の締結もこの頃です（1951 年）。これら一連の動きは単なる封じ込めの枠を超え、社会主義への反撃の意味を有する「巻き返し政策」といわれます。その一環として、1955 年には**西ドイツ再軍備**が実施され、西ドイツの NATO 加盟が決まります。

西ドイツの NATO 加盟に対抗したいソ連は、1955 年に東欧の軍事同盟として**ワルシャワ条約機構（東ヨーロッパ相互援助条約）**を形成しました。この軍事同盟には**東ドイツ**も含まれており、ドイツは冷戦の最前線になりました。

50. 核兵器開発競争と 集団防衛体制

冷戦期. アメリカと ソ連 が直接戦闘することはなかったが 互いを仮想敵国とみなした
↳ それぞれの協調体制は次第に " 集団防衛体制 " へと発展

詳しくみてみよう🔍

西側陣営

* 北大西洋条約機構 (NATO) : North Atlantic Treaty Organization
- アメリカを中心とする 最大の反共軍事同盟
- 西ヨーロッパとの 軍事同盟強化を企図

* 米州機構 (OAS) : Organization of American States
- 南北アメリカ の連携強化
- ラテンアメリカの 共産化阻止

* 太平洋安全保障条約 (ANZUS) : Australia, New Zealand, and the United States Treaty
- アメリカ・オーストラリア・ニュージーランド 間の反共軍事同盟
- 北ベトナム の動向が アジア全体に波及するのを阻止

* 東南アジア条約機構 (SEATO) : Southeast Asia Treaty Organization
- ANZUS加盟国, イギリス. フランス, フィリピン, タイ. パキスタンで結成
- 北ベトナム 包囲網の拡大

* バグダード条約機構 (METO) : Middle East Treaty Organization
- イギリス. トルコ、イラク、イラン、パキスタンで結成
- 世界の 反共軍事同盟 が連結

東側陣営

* ワルシャワ条約機構
- ソ連, ポーランド, 東ドイツ, チェコスロヴァキア, ハンガリー, ルーマニア, ブルガリア, アルバニア の 8ヵ国で結成
- ソ連中心の 東欧における 軍事同盟
- 冷戦体制の確立へ

> ちなみに アルバニアは 1968年 チェコ事件で ソ連に反発して脱退

テーマ51 「雪どけ」の到来

ソ連の「雪どけ」

1953年、ソ連の指導者**スターリン**が死去すると、**フルシチョフ**が書記長に就任しました。フルシチョフは、多くの人々が殺害される粛清だらけだったこれまでの政治体制を独裁から**集団指導体制**へと移行したほか、アメリカなどの国々との**平和共存政策**（➡テーマ**46**）を打ち出します。また、スターリンの個人独裁と大量粛清を批判しました（**スターリン批判**）。こうしてフルシチョフ就任後、米ソの関係は改善されていったのです。

1955年には**米・ソ・英・仏**の首脳による**ジュネーヴ4巨頭会談**が開催され、各国が平和共存を確認しました。同年にソ連は西ドイツとの国交を回復させるなど、米ソの対立関係は少しずつ緩和していきました。この対立が緩和した時期を**「雪どけ」**といいます。

さらに、フルシチョフは**コミンフォルム**（**共産党情報局**）を解散させたほか、ソ連の指導者として初めてアメリカ訪問を行いました。フルシチョフは、当時の米大統領**アイゼンハワー**とキャンプデーヴィッドで会談。両者の「雪どけ」ムードは世界中の多くの人々に歓迎されました。

しかし、フルシチョフの行ったスターリン批判は、米ソ関係を改善する一方で冷戦体制に新たな動揺と波紋をもたらします。ソ連の強権的な支配から脱却すべく、社会主義陣営の国々の一部が**民主化運動**を起こしたのです。ポーランドでは**ポズナニ暴動**（**ポーランド反政府反ソ暴動**）が起こりました。ただし、この暴動は政治家の**ゴムウカ**らポーランド指導部がポーランドの自主路線を人々に約束したことで鎮静化しました。

ハンガリーでも**ハンガリー事件**（**ハンガリー反ソ暴動**）が起こりました。**ナジ＝イムレ**が首相に就いて指導し、ワルシャワ条約機構からの脱退などを打ち出しましたが、この暴動はソ連の軍事介入により失敗。ナジは処刑されてしまいました。

また、スターリンのような独裁体制を敷いていた**毛沢東**が指導する**中国**では、スターリン批判を受けて**中ソ対立**が発生し、両国の関係は悪化していきました。

「ベルリンの壁」建設

1949年に**ドイツ連邦共和国**となった**西ドイツ**では、その初代首相に**アデナウアー**が就任しました。彼のもとで西ドイツは**「経済の奇跡」**といわれる経済復興を遂げ、アメリカに次ぐ大国とまでいわれるようになります。

さらに、アデナウアーのもとで西ドイツは主権を回復し、**再軍備**を果たすと**NATO**に加盟しました（➡テーマ**45**・テーマ**50**）。このように、西ドイツは経済・軍事の両面で戦後復興を進めていったのです。

目覚ましい発展を遂げる西ドイツに対し、**東ドイツ**は依然として経済的に貧しい状況が続きます。両者の溝は深まり、1961年に東ドイツ政府は東西ベルリンの境界に**ベルリンの壁**を建設しました。当時、貧困にあえぐ**東ベルリン**から、豊かな**西ベルリン**への亡命が多発していました。ベルリンの壁建設は、そうした事態に対処するための政策でした。「雪どけ」ムードが高まる一方で、対立自体は解消されず、以後ベルリンの壁は東西冷戦の象徴となっていったのです。

51.「雪どけ」の到来

第0章
第1章
第2章
第3章
第4章
第5章
第6章
第7章
第8章
第9章
第10章

❀きっかけ❀

スターリンの死	・スターリンの死でソ連の指導者層に和解ムードが生じる
	・朝鮮休戦協定やジュネーヴ休戦協定、日ソ共同宣言につながる

平和に共存
できるはずだ！

スターリン批判	・フルシチョフがスターリンのとってきた政策を批判する報告を実施
	・社会主義国と資本主義国との 平和共存政策 へと転換
	⇒コミンフォルム解散, 共産党の東欧支配 が弱体化

フルシチョフ

∿社会主義陣営の動揺∿　←フルシチョフの スターリン批判 はいろんなところに影響を与えた！！

＊ポズナニ暴動 … ポーランドのポズナニで労働者や学生らによる暴動が発生
（ポーランド）　　ソ連軍の介入を恐れた ポーランド 政府軍が運動を弾圧 ⇒ 暴動激化
　　　　　　　ゴウムカ が改革を約束して、暴動を鎮圧
（フルシチョフに）ソ連と対立しない！（ワルシャワ条約機構は脱退しない）とも伝え、ソ連軍の介入は防げた

＊反ソ暴動 … ハンガリーの首都ブダペストで学生や労働者を中心に民主化要求デモが勃発
（ハンガリー）　改革派の首相 ナジ・イムレ がワルシャワ条約機構 からの脱退を宣言
　　　　　　フルシチョフがソ連軍を派遣し、運動を徹底的に弾圧
　　ワルシャワ条約機構から脱退したい！＝ 反ソ運動と捉えられ ソ連軍は介入

　★Point★
ポズナニ暴動とハンガリーの反ソ暴動はともに、スターリン批判後におき、ソ連からの解放を求めるものだが
結末は、反対の展開に…！

＊中ソ対立 … フルシチョフの スターリン批判 を受け、同じ社会主義を掲げる中国が反発
　　　　　　最終的に 中ソ国境紛争 に発展した。

∿戦後のアメリカ社会∿
　　新産業 … 原子力・航空機、コンピュータなど戦争と結びついた産業が発展

「軍産複合体」 …（・軍需産業が 軍部や政府機構の一部と一体化したもの
　　　　　　　　（・冷戦の緊張の中で アメリカの政治に強い影響力を持った

テーマ 52 ヨーロッパの統合

ヨーロッパ共同体（EC）の誕生

アメリカ・ソ連が中心となって展開された冷戦体制にあって、近代の頃のような地位や権威を失ったヨーロッパ諸国は、戦後の疲弊を乗り切り、米ソ両国に次ぐ勢力圏を築き上げるべく、経済的な結びつきを深めていきました。

第二次世界大戦後、**フランス外相**の**シューマン**は、これまでヨーロッパ諸国は**地下資源**の豊富な地域をめぐり何度も戦争になってきたことを指摘しました。その筆頭が、鉄鉱石と石炭の産出地である**アルザス・ロレーヌ**をめぐるドイツ・フランスの争いです。こうした歴史をふまえ、シューマンは資源を奪い合う歴史を脱し、共有することを提案したのです（**シューマン＝プラン**）。

シューマン＝プランに同意した**フランス・西ドイツ・イタリア・ベネルクス3国**（ベルギー・オランダ・ルクセンブルク）の計6カ国によって、まず**1952**年に**ヨーロッパ石炭鉄鋼共同体（ECSC）**が発足しました。この動きがヨーロッパ統合の先駆けになりました。さらに、この6カ国は**ヨーロッパ原子力共同体（EURATOM）**、次いで**ヨーロッパ経済共同体（EEC）**を結成しました。

そして**1967**年には、これら3つの組織（ECSC・EURATOM・EEC）が統合されて**ヨーロッパ共同体（EC）**が成立したのです。このように、西ヨーロッパでは次々と経済的な統合が進んでいきました。

ヨーロッパの大国**イギリス**は、当初**フランス**や**西ドイツ**を中心とする経済統合に反発しました。ヨーロッパ経済共同体（EEC）が結成されると、これに対抗して**ヨーロッパ自由貿易連合（EFTA）**という組織を結成しました。こうしてヨーロッパでは EEC と EFTA が競合することになりましたが、EFTA は EEC よりも人口も少なく、工業的にも弱い国が多かったため、思うような経済発展を遂げることができませんでした。

やがてヨーロッパ統合の風潮が強まるなかで、イギリスは EFTA を離脱して EC に加盟しました。以降、EC に多くの国が加盟していきます。**1970年代**には**イギリス・アイルランド・デンマーク**、**1980年代**には**ギリシア・スペイン・ポルトガル**が EC に加入します。こうして加盟国が増えた EC は**拡大 EC** とよばれるようになりました。

東西ドイツの動向

ベルリンの壁建設以降の東西ドイツでは、**アデナウアー**退陣後の**1969**年に西ドイツ首相となった**ブラント**が**東方外交**を展開しました。これは、**東ドイツ**や**ソ連**など社会主義諸国との和解を目指す外交です。その成果の一つがポーランドとの国交正常化です。両国間には、第二次世界大戦のきっかけとなった**ドイツのポーランド侵攻**、ポーランドの**アウシュヴィッツ**への**強制収容所建設**（➡ テーマ **43**）、ナチス＝ドイツによる**ユダヤ人虐殺（ホロコースト）**などの歴史があります。いまだ戦争の爪痕が深く残るポーランドと西ドイツの和解は、非常に画期的な出来事でした。

さらに、ブラントは**1972**年に**東西ドイツ基本条約**を締結しました。この条約で東西ドイツは双方の主権を承認し合いました。そして翌年、東西ドイツは国連同時加盟を実現したのです。

52. ヨーロッパ の 統合

❀ ヨーロッパ 統合のあゆみ（EU発足まで）❀

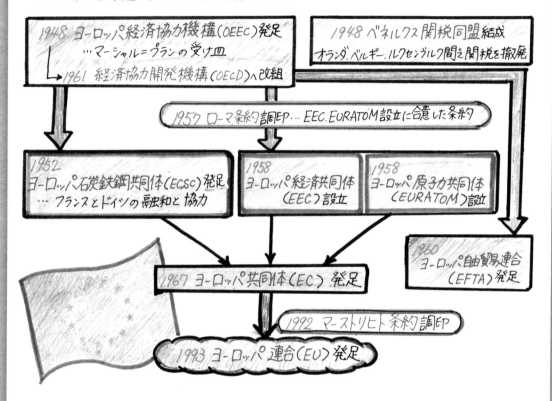

1948 ヨーロッパ経済協力機構（OEEC）発足	1948 ベネルクス関税同盟 結成
… マーシャル=プランの受け皿	オランダ, ベルギー, ルクセンブルク間の関税を撤廃
↳ 1961 経済協力開発機構（OECD）へ改組	

1957 ローマ条約調印 … EEC. EURATOM設立に合意した条約

1952 ヨーロッパ石炭鉄鋼共同体（ECSC）発足 … フランスとドイツの融和と協力	1958 ヨーロッパ経済共同体（EEC）設立	1958 ヨーロッパ原子力共同体（EURATOM）設立

1960 ヨーロッパ自由貿易連合（EFTA）発足

1967 ヨーロッパ共同体（EC）発足

1992 マーストリヒト条約調印

1993 ヨーロッパ連合（EU）発足

~ ヨーロッパ の デタント（緊張緩和）~

★ ベルリンの壁建設の背景 ★
- 西ドイツは, ドイツの東西分裂を拒否し, 東ドイツの存在を認めなかった
- 東西の対立は, "ベルリンの壁" 建設につながり, ドイツの分裂を深刻化

★ 東方外交 ★
- 西ドイツの首相 ブラント が政策を方針転換し, 東ドイツの存在を承認
- ソ連を含む社会主義国との対話を進め, ポーランドとも国交を正常化
- 東西ドイツ基本条約：東西ドイツが主権を相互に承認
  ↳ 条約締結の翌年, 東西ドイツの国連同時加盟を達成

テーマ **53** 戦後の西欧諸国

戦後の西欧諸国

時代は前後しますが、第二次世界大戦末期の **1945 年 7 月**、**イギリス**で政権交代が行われ、対ドイツ強硬路線を掲げて大戦をリードした**チャーチル**に代わって、**労働党**のアトリーが首相となりました。**アトリー内閣**（➡ テーマ **47**）は、戦争で疲弊したイギリスの立て直しに取り掛かりました。アトリー内閣はイングランド銀行や石炭などの**重要産業国有化**を実施しました。主要な産業を国の管理下に置いて保護することが目的です。また、アトリー内閣は「**ゆりかごから墓場まで**」というスローガンを掲げ、**社会福祉制度の充実**を図りました。生まれてから死ぬまでの最低限の生活を国が保障することを目指したのです。ちなみに、アトリー内閣の時代、第二次世界大戦後の 1949 年には**エール**が**イギリス連邦**から離脱し、**アイルランド**が成立しました。長期にわたるイギリスの支配からようやくアイルランドが解放されたのです。

戦後の**フランス**では、**議会制内閣**が採用され 1946 年から**第四共和政**が始まりました。このときのフランスでは**フランス共産党**が勢力を拡大しました。富や財産を共有し平等な社会を目指すというフランス共産党の思想は、戦争の被害を強く受け苦しい生活を強いられたフランスの人々の共感をよんだのです。結果として、共産党との連携を拒んだ**ド＝ゴール**が首相を退任するなど、フランスの政権は不安定化しました。**イタリア**では国民投票で王政が廃止されて共和国になると、フランスと同様に議会内で共産党や社会党が勢力を拡大し、反共路線をとるキリスト教民主党と対立しました。

フランス第五共和政の動き

フランスの第四共和政では、国民が選挙で選んだ政党が議会や内閣を組織し、議会中心の政治が行われていました。しかし、前項でも確認したド＝ゴールの退任に加え、**インドシナ（ベトナム）**や**アルジェリア**でフランスからの独立戦争が勃発（**インドシナ戦争、アルジェリア戦争**）したため、第四共和政下のフランスは混乱状態に陥りました。両国と妥協を図るフランス政府と、それに反発する勢力との間でフランスは内乱の危機を迎えたのです。そんな危機的な状況でド＝ゴールが再び大統領に返り咲きます。彼は、議会での話し合いではなく大統領が強い権限をもってフランスを立て直す必要性を主張し、**1958 年に第五共和政**を開始しました。

その後のド＝ゴールは、大国アメリカやイギリスに頼らない、独自路線の政策・外交を展開していきます。かつてのフランスはイギリスとともにヨーロッパの国際関係の主導権を握っていました。しかし、大戦初期にドイツに瞬く間に占領されてしまい、大戦中の首脳会談に出席できなかっただけでなく、戦後もベトナムやアルジェリアでの失態など、かつての大国としての影響力は見る影もなくなっていました。そのため、ド＝ゴールはアメリカ・イギリスを中心とする西側陣営の一員としてではなく、ヨーロッパ統合の中心として存在感を強めていこうと考えたのです。彼のもとでフランスは核実験に成功し、アメリカ・ソ連・イギリスに次ぐ**核保有国**となりました。外交面では、保守派の期待に反してアルジェリアの独立を承認したほか、中華人民共和国を承認。軍事面では NATO 軍事機構から脱退しました。

強権を振るうド＝ゴールでしたが、国内ではそんな彼の政策を独裁的だと批判する声も上がり、**1968 年 5 月**には、学生・労働者・市民による反ド＝ゴール運動（**五月危機**）が発生しました。

53. 戦後の西欧諸国

「鉄の女」サッチャー

・イギリス保守党所属で、イギリスネクの女性首相

・強烈なリーダーシップを発揮し、「鉄の女」と呼ばれた。

（鉄のように 強い意志）

在任期間 1979～1990年

❀ <u>政策・主なできごと</u> ❀

◆「<u>小さな政府</u>」…（・財政立て直しのため、福祉の縮小や<u>国有企業の民営化</u>を促進
・市場への政府の干渉を減らし、<u>自由主義経済</u>へ転換

◆ フォークランド戦争…フォークランド諸島の領有権をめぐり、アルゼンチンと戦争に突入
⇒ イギリスが勝利、サッチャー人気が不動に。

◆ 北アイルランド協定…英領 <u>アイルランド</u> の行政に <u>アイルランド</u> の参加を承認

第一・二次世界大戦では、軍人として活躍！
※第二次世界大戦中、ロンドンで 自由フランス政府
樹立。→ 戦後フランスに戻り、臨時政府の
首相に。→ その後、第五共和政の初代大統領になった。

ド=ゴールの政策 〔アメリカへの対抗！〕

◆ 植民地の独立
・1960年、アフリカの植民地 17ヵ国を独立させる
↳「<u>アフリカの年</u>」
・1962年、<u>アルジェリア</u> の独立を承認
↳ フランスの財政を圧迫する問題を解消

◆ 原爆実験
… 原爆実験に成功。世界で 4番目の<u>核保有国</u>へ。
↳ 米・英・ソに対する存在感の高揚

◆ 中華人民共和国承認 …（・米・英・ソが 部分的核実験禁止条約を通じて連携を深めたことに対抗。
・独自の核開発を進める中・仏で 連携強化

◆ ECの成立 …・西ドイツとともに、<u>西ヨーロッパ統合</u>の中心へ ⇒ 1960年代に経済成長を実現。
・イギリスの EEC加盟を拒否 → イギリスと関係の深い アメリカのヨーロッパへの影響力拡大を警戒。

◆ NATO脱退 … NATO脱退に加え、ソ連を訪問し、仏・ソの連携 強化（2009.完全復帰）

第0章
第1章
第2章
第3章
第4章
第5章
第6章
第7章
第8章
第9章
第10章

テーマ 54 第三世界の形成

第三世界の連携

冷戦体制のなか、米ソどちらの側にもつかず、積極的な中立を主張した国々の存在がありました。これらを**非同盟諸国**、あるいは**第三勢力**や**第三世界**とよびます。その中心となったのは、植民地支配から脱したアジア・アフリカの新興諸国でした。

1954年、インドと中国の首脳による**ネルー・周恩来会談**が開催されました。**中国**の周恩来がインドを訪問し、ネルー首相と会談。その結果**平和五原則**が発表されたのです。

1955年には、**インドネシア大統領スカルノ**のよびかけで**アジア＝アフリカ会議（バンドン会議）**が開催されました。この会議は史上初のアジア・アフリカ首脳会議です。この会議では、平和五原則を拡張した**平和十原則**が発表され、国際平和への道が模索されました。

さらに**1961**年には、**ユーゴスラヴィアのベオグラード**にて**非同盟諸国首脳会議**が開催されました。提唱者はユーゴスラヴィアの**ティトー**、エジプトの**ナセル**、インドのネルーです。この会議には、アジア・アフリカ諸国とラテンアメリカの非同盟諸国が参加し、第三勢力の結集が図られました。

第三世界の抱える課題

第三世界の結束が進む一方で、かつての列強の利害関係に振り回された世界の各地域では、そのときに生じた対立が戦後も色濃く残り、さまざまな紛争の種となりました。

インドは、長期にわたるイギリス支配から戦後ついに独立を果たしましたが、それは統一されたインドとしてではなく、ヒンドゥー教徒が多い**インド**と、イスラーム教徒が多い**パキスタン**による分離独立でした（➡ テーマ 47）。

両国の間に位置する**カシミール**では、藩王は**ヒンドゥー教徒**である一方、住民の多くはイスラーム教徒（ムスリム）という複雑な事情を抱えており、両国は、カシミールの帰属をめぐって、3次にわたる**インド＝パキスタン戦争**（➡ テーマ 47）に突入します。この対立は21世紀の現在でも続いています。

また、**中国**と**ソ連**の関係が悪化するなかで、**1959**年には**チベット動乱**が発生します。チベット動乱は、中国の軍隊である**人民解放軍**に鎮圧され、**チベットの最高責任者ダライ＝ラマ14世**はインドへ亡命することになりました。中国はインドに身柄の引き渡しを要求しましたが、インドはこれに反発、**1959**年に**中印国境紛争**が勃発しました。

戦後のアフリカ諸国のうち、まず独立が進んだのは**リビア**や**モロッコ、チュニジア**などの**北アフリカ諸国**でした。モロッコやチュニジアなどはナセルの**非同盟主義**にも強く影響を受けているほか、地中海岸のアフリカ諸国は**黒人国家**ではない点に注意してください。

1950年代に入ると、サハラ砂漠以南の黒人国家が独立し始めます。このときのアフリカ諸国の独立運動を指導したのが**ガーナのエンクルマ**です。**1960**年には、第三世界の支持獲得を狙ったフランスの**ド＝ゴール**による政策転換よって、旧フランス領を中心に17カ国が一気に独立します（「**アフリカの年**」）。独立を進めるアフリカ諸国でしたが、その後も多くの国で国内の**部族対立**に苦しむことになりました。

54. 第三世界の形成

〜自主路線をとった東欧諸国〜

★ ユーゴスラヴィア… ┌ ・自力でドイツに勝利した ティトー が、ソ連に頼らずに社会主義国家へ
　　　　　　　　　　　└ ・バルカン半島をめぐってソ連と対立。 コミンフォルム から除名
　　　　　　　　　　　　　↳ 以降は アメリカに 接近！

★ アルバニア … 中ソ対立で 中国支持。のちに 中国とも 対立して 鎖国状態へ

★ ルーマニア … コメコン内で 農業国と 扱われたことに 反発
　　　　　　　　↳ 石油資源を 背景に、西欧や 中国へ 接近

〜南アジアの国際関係〜

【POINT】

【対立関係】
① 中ソ対立 … 中国 vs ソ連
② カシミール帰属問題 … パキスタン vs インド
③ 中印国境紛争 … 中国 vs インド

【友好関係】
・ソ連 & インド
・中国 & パキスタン
・インド & バングラデシュ

【その他】
バングラデシュは、パキスタン主導ですすむ独立に反発

〜エジプトの躍進〜

✯エジプト革命 … スエズ運河地帯への英軍駐兵に対する国民の不満の高まり…
　　　　　　　↓
　ナセルを中心とする自由将校団が 軍事クーデタで王政をうち倒！
　　（結果）エジプト共和国 成立！！（大統領、ナセル）

① 非同盟主義 … バンドン会議 への出席で ネルーやスカルノらと交流 ⇒ 影響をうける
　　　↳ バグダード条約機構への加盟を拒否。積極的な 中立外交へ

② スエズ運河国有化
・エジプトに歩み寄りたい英が、アスワン=ハイダムの建設を支援
・一方でイスラエルと 対立するナセルは、ソ連に接近
　↳ 米・英はこの動きに反発し、ダム建設の資金援助を撤回

　　建設資金を確保するため、スエズ運河の国有化を宣言
　　　↳ 英・仏が激しく反発…。イスラエルと手をとり第2次中東戦争へ…。

（スエズ運河とアスワン=ハイダムって…？）
…MEMO目8…
アスワン=ハイダムの建設
（目的）灌漑用水の確保など
（しかし）資金不足…
（理由）スエズ運河の通行料など
の利益は、株を買収した英がとる

テーマ 55 55年体制

保守合同と国際社会への復帰

1952年、第3次吉田茂内閣は、労働運動や社会運動を抑えるため、血のメーデー事件を契機として暴力主義的破壊活動の規制を目指す破壊活動防止法を成立させました。また1954年にはMSA協定（日米相互防衛援助協定）が締結され、日本はアメリカの援助を受ける代わりに自衛力の増強を義務付けられるとともに、新設された防衛庁統轄のもと、陸・海・空の3隊からなる自衛隊が発足したのです。

1954年、造船疑獄事件で第5次吉田茂内閣批判が強まるなか、公職追放（➡ テーマ 49）解除により政界復帰していた鳩山一郎ら自由党反吉田派は離党して、鳩山を総裁とする日本民主党を結成します。同年末、吉田茂内閣が退陣して鳩山一郎内閣が成立しました。ここに、長きにわたる「ワンマン宰相」こと吉田茂の長期政権に終止符が打たれたのでした。鳩山一郎首相は、憲法改正や再軍備を改めて唱えました。一方、左派社会党と右派社会党に分裂していた日本社会党は、1955年2月の総選挙で左右両派合わせて憲法改正阻止に必要な3分の1の議席を確保して再統一を実現しました。保守陣営でも、財界の強い要望を背景に日本民主党と自由党が合流して自由民主党（自民党）を結成（保守合同）、初代総裁には鳩山一郎首相が選出されました。この結果、保守勢力（自民党）が議席の3分の2弱、革新勢力（社会党など）が3分の1を維持して推移する55年体制が40年間近く続くことになります。

保守合同後の第3次鳩山一郎内閣は、「自主外交」をうたいます。1956年10月には首相自らモスクワを訪れ、日ソ共同宣言に調印して国交を正常化しました。その結果、日本の国際連合加盟を拒否していたソ連が支持に回ったので、同年12月に日本の国際連合加盟が実現したのです。

60年代から70年代の日米関係

1957年に成立した岸信介内閣は「日米新時代」を唱え、安保条約を改定して日米関係をより対等にすることを目指し、1960年1月には日米相互協力及び安全保障条約（日米新安全保障条約）に調印しました。新条約ではアメリカの日本防衛義務が明文化され、さらに条約付属の文書で在日アメリカ軍の軍事行動に関する事前協議制が定められました。

革新勢力の側は、新条約によってアメリカの世界戦略に組み込まれる危険性が高まるとして、安保改定反対運動を組織しました。1960年5月、政府・与党が警官隊を導入した衆議院で条約批准の採決を強行すると、安保改定阻止国民会議を指導部とする社共両党・総評などの革新勢力や全日本学生自治会総連合（全学連）の学生、一般の市民からなる巨大なデモが連日国会をとり巻く安保闘争となりました。結局、条約批准案は参議院の議決を経ないまま自然成立しましたが、岸信介内閣は総辞職しました。

1965年以降、アメリカがベトナム戦争への介入を本格化させると、沖縄や日本本土はアメリカ軍の前線基地となりました。沖縄では住民の運動が続き、ベトナム戦争の激化とともにその返還問題が浮上します。佐藤栄作内閣は「もたず、つくらず、もち込ませず」の非核三原則を明確にして外交交渉を進め、1968年に小笠原諸島の返還を実現すると、翌年の佐藤・ニクソン会談で核抜きの沖縄返還に合意しました。1971年に沖縄返還協定が調印されると、翌年に沖縄の祖国復帰が実現しました。

55、55年体制

日米相互協力及び安全保障条約 (1960年)
・内容は、日米経済協力と日本の防衛力強化の強調 、 アメリカの日本防衛義務 を明文化
・在日米軍の行動に対する 事前協議制) ・条約期限を 10年 ・内乱条項の 削除

〈北方領土問題〉

お互いの領土を
攻めるのは、なし!!

◆ ソ連の占領
　　日ソ中立条約の期限が 1946年4月24日 までじあったにも関わらず、
　　ソ連は 1945年8月8日 に日本へ宣戦布告、8月9日以降、満洲国や南樺太に侵入。
　　歯舞群島は、日本降伏(文書調印の)9月2日後の 9月3日 侵入。

南樺太

◆ サンフランシスコ平和条約 (1951年)
　　南樺太と千島列島は 日本が放棄したが、どこに 帰属するかは決 でれなかった。
　　現在、ロシア連邦 が保有するが、国際法上は、主権の帰属は未定のまま。

◆ 日ソ共同宣言 (1956年)
　　・平和条約締結後の歯舞群島・色丹島の返還・日本の国際連合加盟支持

北海道　国後　択捉
　色丹　歯舞

◎日本の主張◎	◎ロシアの主張◎
4島は、日本の固有の領土でロシア連邦に返還を要求	国後島・択捉島の2島は 戦後の国際諸協定によって確定済み

〈韓国との国交正常化〉

◆ 日韓基本条約 (1965年)
　　・韓国政府を「朝鮮における唯一の合法政府」として、外交関係を樹立
　　・同時に結ばれた協定で、総額8億ドルの援助の代わりに 韓国政府は 賠償請求権放棄

◆ 竹島問題
　　帰属問題は未解決だが、日本は歴史的にも国際法上も竹島は固有の領土であるとの立場をとっている。

〈中国との国交正常化〉

◆ 1960年代… 日本の財界らは広大な中国との貿易を望み、国交正常化に期待していた
　　↳ LT貿易 (1962年)：廖承志 (L)と高碕達之助(T)間で調印した「政経分離」主義による、
　　　　　　　　　　　　日中の準政府間貿易

◆ 日中共同声明 (1922年)
　　・田中角栄首相が訪中し、周恩来首相と調印
　　・戦争責任を認め、中華人民共和国が中国唯一の合法政府であることを承認し、中国は 賠償請求権放棄

◆ 日中平和友好条約 (1928年)
　　福田赳夫内閣が、中国との平和条約締結を実現。

テーマ 56 日本の高度経済成長

高度経済成長

日本経済は、**朝鮮戦争**（➡ テーマ **46**）にともなう軍需物資や自動車修理などアメリカ軍の膨大な特需による輸出増加によって繊維・金属を中心に**特需景気**が起き、**1950** 年代初めには鉱工業生産が戦前の水準に回復しました。**1951** 年以降、政府は重点産業に国家資金を積極的に投入し、税制上の優遇措置をとりました。また、電力・造船・鉄鋼などの部門は活発に**設備投資**を進めていきました。そして **1955 〜 57** 年には**神武景気**とよばれる大型景気を迎え、日本経済は急速に成長し始めたのです。一方、**農地改革**（➡ テーマ **48**）によって農業生産の回復が進み、**1955** 年以来、米の大豊作が続いたことから食糧不足は解消されました。国民の生活水準を示す消費も朝鮮戦争を契機に上昇に転じ、**1956** 年の政府の**経済白書**には**「もはや戦後ではない」**と記されます。**1960** 年 7 月に**池田勇人内閣**は、**所得倍増政策**によって、すでに始まっていた**高度経済成長**をさらに促進するため経済的な豊かさを追求しました。**1955 〜 73** 年の 20 年近くの間、日本経済は成長率が年平均 10% を超える急テンポで高度経済成長を続けました。**1968** 年、国民総生産（GNP）で資本主義国中ではアメリカに次ぐ第 2 位に達したのです。

高度経済成長の背景

1955 〜 73 年の高度経済成長を支えた要因を考えてみましょう。第 1 に、農地改革や**財閥解体**による富の分配で国内購買力が向上し、家電製品や自動車などの国内市場が拡大したことがあげられます。鉄鋼・造船・自動車・電気機械・化学などの部門が海外の**技術革新**の成果をとり入れて設備を更新し、石油化学・合成繊維などの新部門も急速に発達しました。こうして、低コスト・高品質の工業製品の大量生産体制が整備され、同時に日本製品の大規模な海外輸出も開始されました。この間に、日本経済に占める第 1 次産業の比重が下がり、**第 2 次産業・第 3 次産業**の地位が高まりました。これを産業構造の高度化といいます。第 2 次産業のなかでは重化学工業の地位が高まり、工業生産額の 3 分の 2 を占めるに至りました。第 2 に、中東で大油田の開発が進み、**サウジアラビ**アや**クウェート**など中東から安い原油が日本にも入ってくるようになり、原油価格が著しく下落して**石炭**から**石油**への**エネルギー革命**が急速に進んだことがあげられます。そして第 3 には、固定相場制が実質的には円安を進行させ、日本の輸出を拡大させたことがあげられます。

1960 年代前半、日本は欧米諸国の要求に応じて貿易の自由化・為替と資本の自由化を実施したので、開放経済体制のもとでの国際競争の激化に備えて産業界再編の動きが現れました。大型企業の合併が次々と行われ、さまざまな業種にわたる多数の大企業が旧財閥系などの銀行・商社を中心に巨大な**企業集団**を形成したのです。

鉄道の電化が全国的に進み、**1964** 年には**東海道新幹線**が開通しました。一方、自家用車が急速に普及して「マイカー時代」が到来し、**自動車**が一躍交通手段の主力となる**モータリゼーション**が訪れました。また、**1964** 年に**東京オリンピック**（2 回目は 2021 年開催）、**1970** 年に大阪で**日本万国博覧会**が催され、日本の復興を世界にアピールしたのです。しかし、**ドル = ショック**からの変動相場制への移行と**第 1 次石油危機（オイル = ショック）**にともなう円高と石油価格の高騰により、高度経済成長は終焉を迎えることとなります。

56、日本の高度経済成長

～国際協力の変容～

| 1963年 | GATT11条国移行 … 日本は1955年に加盟していたが、11条国になることで
国際収支を理由に、輸入制限ができない国となった | ➡ 貿易の自由化 |

| 1964年 | IMF8条国移行 … 日本は1952年に加盟していたが、8条国になることで
国際収支を理由に、為替管理を行えない国となった | ➡ 為替の自由化 |

| 1964年 | OECD加盟 … 自由主義諸国の発展途上国への援助、開発促進を行う機関に加盟
↳ 外資系企業の参入を許す | ➡ 資本の自由化 |

～消費の拡大と流通の変容～

✦ 中流意識 … 生活様式や意識の均質化により、社会の中間層にいる、と考える国民が8～9割を占める

✦ 核家族化 … 夫婦と未婚の子どもからなる世帯が増加

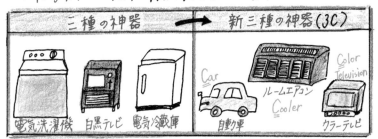

三種の神器 ➡ 新三種の神器(3C)
電気洗濯機 / 白黒テレビ / 電気冷蔵庫 / Car 自動車 / ルームエアコン Cooler / Color Television クラーテレビ

✦ 耐久消費財の普及
・大量生産
・大量販売体制
・割賦販売制度
↳ 分割りして支払う

✦ 流通革命 … スーパーマーケットが普及して、ダイエー(創業者:中内功)が三越を抜いて売上1位(1972年)

～社会の変貌～

✦ モータリゼーション … 自動車が移動手段の主力となる→日本国有鉄道(国鉄)の財政は悪化

✦ 東海道新幹線の開通(1964年) … 東京～新大阪間

✦ 食生活の洋風化 … 肉類や乳製品の消費が増加、インスタント食品や冷凍食品が普及

✦ 減反政策 … 米が生産過剰となり作付を制限

～公害問題～

四大公害訴訟 → いずれも被害者側の勝訴
(1) イタイイタイ病(@富山県神通川流域に被害)　(2) 水俣病(@熊本県水俣市)
(3) 新潟水俣病(@新潟県阿賀野川流域に被害)　(4) 四日市ぜんそく(@三重県四日市市)

↳ 公害対策基本法(1967年) … 四大公害訴訟に伴う国と事業者の責務を明確化　1971年には、環境庁設置

✶ 革新自治体の誕生 … 東京都知事に社会・共産系知事として美濃部亮吉が当選
↳ 1970年代初め、三大都市圏の知事と多くの都市の市長が革新首長に占められる

テーマ57 1960年代の世界❶──キューバ危機～緊張緩和

ラテンアメリカ諸国とキューバ革命

戦後、アメリカ合衆国はラテンアメリカへの干渉を強めました。ソ連との対立が続くなか、近隣の国々が社会主義国化するのを回避するためです。1948年、アメリカは米州機構（OAS）（➡ テーマ50）の設立を主導しました。これは、南北アメリカ21カ国による反共軍事同盟といえます。そしてアメリカはこの組織を通じて、ラテンアメリカ諸国が社会主義化しないように監視し、ときには干渉を行いました。

しかし、ラテンアメリカのなかには、アメリカの干渉を快く思わない国もありました。そうした国では反米的な政権が誕生していきます。アルゼンチンのペロン大統領は、外国資本の国有化や初等教育の拡大など、アメリカとは距離を置く政策を展開しました。また、ブラジルのヴァルガス大統領も、アメリカから自立する動きを見せました。1970年、チリでは選挙によってアジェンデが大統領となり、社会主義政権が成立してしまいました。しかし、社会主義政権の誕生を快く思わないアメリカの介入によってチリ軍部クーデタが発生し、アジェンデは自殺。その後、クーデタを主導したピノチェトが大統領となり、親米軍事政権が誕生しました。アメリカの主導で結成された米州機構ですが、決して南北アメリカ諸国は一枚岩ではなかったのです。

アメリカのすぐ南に位置するキューバでは第二次世界大戦後、親米的なバティスタ政権が成立しました。彼は、アメリカの援助を受けて独裁政治を展開。資本主義経済のもとで国内では貧富の差が拡大し、国民は不満を高めていました。そんななか、1959年にキューバ革命が発生します。革命の指導者はカストロとゲバラという人物です。彼らは国民の支持を集めてバティスタ政権を打倒。カストロはキューバの指導者となり、国民のための改革を進めていきました。

キューバ危機

親米的なバティスタ政権が打倒されたことで、アメリカはカストロ率いるキューバを警戒しました。そしてアメリカはキューバとの国交断絶を宣言します。一方、カストロはキューバの社会主義宣言を出してから、ソ連型社会主義を進めるべくソ連に接近していきます。ここにアメリカとキューバの対立は決定的となりました。アメリカがキューバへの軍事干渉の準備を進めていた1962年、アメリカ空軍の偵察機がキューバで建設中のソ連のミサイル基地を発見します。アメリカのすぐ近くに位置するキューバでミサイル基地が建設されるということは、アメリカ全土がその射程内におさまってしまうことを意味します。ミサイル基地の建設をソ連の仕業と断定したアメリカのケネディ大統領は、カリブ海の海上封鎖を実施しソ連船の航行を妨害しました。あわや米ソ間の核戦争の危機だった悪夢の13日間の始まりです。

ケネディは、フルシチョフに、ソ連がキューバに建設したミサイル基地を撤去すれば、キューバへの侵攻をとりやめるという旨の書簡を送りました。フルシチョフはこれに応じてミサイルを撤去し、ギリギリのところで核戦争は回避されました。これをキューバ危機といいます。以降、米ソの首脳間で円滑な話し合いを行うために、直通通信協定（ホットライン）が交されたのです。

57. 1960年代の世界③ ― キューバ危機 ～ 緊張緩和

核軍縮の流れ（ソ連崩壊まで）

核戦争などによる人類の終末を午前0時とする！

日本の木造マグロ漁船

終末時計

1954年
アメリカのビキニ環礁での水爆実験で 第五福竜丸 の乗組員が被曝
⇨ 原水爆禁止運動の本格化

23:58

1955年
ラッセル＝アインシュタイン宣言

核廃絶をめざす声明を発表

イギリスの哲学、数学者 ドイツの物理学者
バートランド＝ラッセル アインシュタイン

1961年
国連総会が核兵器 使用禁止宣言を 採択

1962年
キューバ危機   米英仏ソ連
… 核戦争の危機。米ソは核兵器使用回避の必要性を痛感

1963年
部分的核実験禁止条約 （PTBT）
… 米英ソで締結。国連とは別枠。

23:48

1968年
核拡散防止条約（NPT）
… 核兵器の米ソ英仏中独占 が進展。

1969～72年
第1次戦略兵器制限交渉（SALT Ⅰ）
… 緊張緩和（デタント）が進む中で。核兵器同様に、
戦略兵器も バランス維持を米ソで画策

72年には、SALTⅡも始まった。

23:48

1987年
中距離核戦力（INF）全廃条約
… 冷戦終結の象徴

23:54

1991年
第1次戦略兵器削減条約（START Ⅰ）
… 米ソによって SALTの内容を発展

1993年には、STARTⅡも合意された

23:43

127

頻度 ★★★★★　世界史｜日本史

テーマ58　1960年代の世界❷──多極化の進展

中ソ対立と中国の混乱

中ソ友好同盟相互援助条約（➡テーマ46）の締結以降、中国とソ連は接近していくかに思われました。ところが1956年、ソ連の**フルシチョフ**は平和共存政策（➡テーマ51）を発表し、ソ連とアメリカ、そして社会主義国と資本主義国との**緊張緩和（デタント）**を目指しました。このとき、**台湾や韓国・日本**といった資本主義国にとり囲まれる状態となっていた中国は、ソ連の平和共存政策を批判しました。中国とソ連の関係は次第に悪化し、やがておたがいを名指しで批判し合う**中ソ対立**に発展したのです。

中国は、対外的にはソ連・インドとの対立を深め、国内では**毛沢東**は「**大躍進**」とよばれる政策（➡テーマ46）を展開します。その狙いは工業・農業の急速発展でした。「大躍進」政策を進めるため、毛沢東は中国全土の農村で**人民公社**とよばれる組織をつくらせます。各地の農村に工業や行政・教育活動などをすべて担わせようとしたのです。しかし、この政策は農村部に大きな負担をかけることになり、毛沢東の思惑とは逆に各地の生産力は停滞してしまいました。また、ソ連との関係が悪化したことで、1959年に**中ソ技術協定**が破棄され、ソ連から中国へ派遣されていた技術者が撤退していただけでなく、追い打ちをかけるようにこの時期の中国では大規模な自然災害が発生しました。一連の要因が重なって、当時の中国では数千万人とされる死者が出てしまいます。

毛沢東は「大躍進」政策失敗の責任をとり、国家主席を辞任。代わりに**劉少奇**が国家主席に就任すると、**鄧小平**による補佐を受けながら調整政策を展開し、中国を立て直していきました。劉少奇は余った農作物の販売を許可するなど、一部で**資本主義経済**の仕組みを導入しました。これにより、中国の農業生産力は徐々に回復していったのです。

ベトナム戦争とアメリカの動揺

テーマ47で見たように、**ホー＝チ＝ミン**の指導するベトナム民主共和国（**北ベトナム**）が**インドシナ戦争**に勝利した後、親米反共の**ベトナム共和国（南ベトナム）**との対立が続いていました。そんななか、南ベトナムでは、親米政権打倒を目的とする**南ベトナム解放民族戦線**が結成されてクーデタが頻発し、大統領の**ゴ＝ディン＝ジエム**は暗殺されてしまいました。その後もクーデタは終わらず、不安定な南ベトナムの情勢を見たアメリカは、南ベトナム解放民族戦線を弾圧し、自ら北ベトナム政権を倒すことを決意しました。

アメリカは1965年に北ベトナムへの爆撃（**北爆**）を開始します。**ベトナム戦争**は、混乱が続く南ベトナムに代わりアメリカが直接北ベトナムを攻撃するという構図で始まったのです。ベトナム戦争への軍事介入を本格化したアメリカは、南ベトナム解放民族戦線が各地で展開した**ゲリラ戦術**に悩まされました。泥沼化する戦争のあまりに悲惨な状況が報道されると、アメリカ国内のみならず世界中で**ベトナム反戦運動**が高まりました。アメリカは国際社会の批判を浴びて孤立し、しかもかさむ戦費によって財政が悪化しました。戦争継続困難と判断したアメリカは停戦の道を模索し、**ニクソン**大統領時代の1973年、ついに**ベトナム（パリ）和平協定**を締結し、アメリカ軍はベトナムから撤退しました。

58. 1960年代の世界② - 多極化の進展

大国の威信の低下

ベトナム反戦運動
- 戦争の様子がテレビ放送されたため、各国の反体制運動に影響
- とくにアメリカでは、反戦運動と黒人解放運動が結びつき大規模化
  - ➡ アメリカの威信 大幅低下

中ソ対立激化
- キューバ危機以降の米ソ接近を警戒した中国がソ連批判を強化
- 公開論争に発展した結果、社会主義陣営で動揺が広がる
  - ➡ 社会主義陣営でのソ連の威信低下

≋プラハの春≋
ドプチェクによってチェコスロヴァキアの民主化が進展
→ 共産党以外の政党をつくる動きが見られるなど自由化

But... ➡ チェコ事件 (背景)
ソ連・ブレジネフの圧力をドプチェクがはねのける

⬇

ワルシャワ条約機構軍が軍事介入し、ドプチェクを解任!
⇨ そして... ソ連の国内および社会主義陣営に対する圧力強化!

チェコスロヴァキアも
民主化をすすめるぞー!!

スローガン:
人間の顔をした社会主義

ドプチェク

～世界の多極化まとめ～

資本主義陣営
- 仏独を中心とするECの結成
- 日本の高度経済成長
- ベトナム戦争による財政難で、アメリカの経済的地位の低下

社会主義陣営
- ユーゴスラヴィアやルーマニアの自主路線
- 中ソ対立の深刻化

反体制運動の高揚
- 黒人解放運動・公民権運動:アメリカ…白人と黒人の差別撤廃をめざす運動
- 五月危機:フランス…ド=ゴールの強権政治への反発運動
- 学生運動:日本…日米安全保障条約の更新反対運動など
- プラハの春:チェコスロヴァキア…社会主義国の民主化運動

頻度 ★★★★★ 　世界史 日本史

テーマ**59** 1970〜80年代の世界経済**①**──ドル＝ショック・石油危機

ドル＝ショックと世界経済の転換

テーマ**45**では、第二次世界大戦後、アメリカを中心とするブレトン＝ウッズ国際経済体制（ブレトン＝ウッズ体制）が構築されたことを学習しましたね。この体制下では、いつでも金と交換できるアメリカのドルを基軸通貨とし、各国通貨との交換比率がドルの価値を基準に定められていました。ところが、アメリカは1971年に金・ドル交換停止を発表します。これをドル＝ショックとよびます。ドル＝ショック発生の要因としては、ベトナム戦争（➡テーマ**58**）の戦費がアメリカ経済を圧迫したことなどがあげられます。

金・ドル交換停止が発表されたことは、ブレトン＝ウッズ体制の崩壊を意味しました。さらに、第4次中東戦争の影響で第1次石油危機（オイル＝ショック）が発生（➡テーマ**56**）。こうして欧米諸国などは経済危機に直面することになりました。もはやアメリカ一国で世界経済をコントロールすることはできなくなっていったのです。そこで各国が団結して経済問題に対処する必要が出てきました。

1975年、欧米諸国と日本は先進国首脳会議（サミット）を開催し、経済問題への対策を議論しました。これによって、ヨーロッパの統合がますます進んでいったほか、資本主義経済はアメリカ・西ヨーロッパ、そして資本主義国中でGNP第2位の日本との三極構造へと転換していったのです。

石油危機

中東問題（➡テーマ**66**）が深刻化するなかで、1973年にエジプトとシリアがイスラエルに侵攻したことで始まった第4次中東戦争は、世界中に大きな影響を与えました。このとき、アラブ石油輸出国機構（OAPEC）は、原油生産の削減や西側諸国への石油輸出の制限・禁止を実施するという石油戦略を採用しました。これには、西側諸国がイスラエルを支援するのを阻止する狙いがありました。

この結果、原油価格は大きく高騰し、中東の石油資源に大きく依存していた西側諸国の経済は大打撃を被りました。西側諸国は物価の高騰と不況が同時に起こるスタグフレーションに直面したのです。そうした背景もあり、前項で解説したサミットの第1回テーマは、石油を中心とするエネルギー問題となったのです。以降、先進各国では省エネルギーへの取り組みが重要な課題となっていきました。

また、石油危機の影響は、戦後に構築されてきた福祉国家の体制にも深刻な影響をもたらします。1981年にアメリカ大統領に就任したレーガン大統領は新自由主義を標ぼうし、「小さな政府」（➡テーマ**53**）を目指しました。1929年に始まった世界恐慌の際、フランクリン＝ローズヴェルトは積極的に経済に介入しましたね（ニューディール➡テーマ**39**）。これとは対照的に、政府が極力経済に関与しないようにするのが「小さな政府」という発想です。政策のこうした転換は多くの西側諸国に波及していきました。

一方で、ソ連はもともと原油や天然ガスを大量に産出する資源大国なので、原油価格の高騰によって原油輸出による莫大な利益を獲得しました。しかしそれゆえに、ソ連や東側諸国は経済構造の刷新において西側諸国に大きな遅れをとることとなるのです。

59. 1970〜80年代の 世界経済① ―ドル=ショック・石油危機

ニクソンの衝撃!!

アメリカ
第37代大統領
（共和党）
リチャード・ニクソン

(1) ドル=ショック
- ニクソンは、貿易赤字縮小のため、金とドルの交換を停止
  → さらにアメリカは、ドル安政策（ドルの切り下げ）で輸出力回復を図る

- ドルの信用と価値が大きく低下
  → ブレトン=ウッズ体制崩壊、変動相場制へ移行

(2) ニクソン訪中
- ベトナム戦争終結のためニクソンが中国を電撃訪問
  → 中国の国連代表権が台湾から中国へ交替

- 米中共同声明 … 事実上 中華人民共和国 を承認
  → 日本も続いて 日中共同声明を発表。日中国交正常化 →テーマ55

〈新冷戦〉

◆ 人権外交
　　　　　　　　第39代大統領（民主党）
  : アメリカの カーター 大統領が 穏健な外交を展開
  ↳ パナマ運河地帯の返還、SALTⅡの調印、エジプト=イスラエル平和条約の締結などが実現

◆ 反米の展開
- イラン=イスラーム革命 … ホメイニ指導で親米政権が崩壊 →テーマ62
- 中米のニカラグアでも、親米政権が革命で崩壊

◆ ソ連のアフガニスタン侵攻
- 1979年、ソ連のブレジネフは アフガニスタンの内乱に軍事介入
  → 有効な対策のとれなかった カーター政権が崩壊

- 米ソ関係は急速に悪化し、再び軍拡が進む「新冷戦」へ
  → 「強いアメリカ」を主張する レーガンの当選
　　　　　　第40代大統領（共和党）

第0章
第1章
第2章
第3章
第4章
第5章
第6章
第7章
第8章
第9章
第10章

テーマ 60　1970〜80年代の世界経済② ── アジア諸地域の経済発展

開発独裁とアジアの経済発展

独立を果たしたアジアの諸地域では、1960年代後半から外国市場に向けて輸出する製品の生産に重点を置く**輸出志向型工業**が発達していきます。輸出志向型工業発展のためには、貧困から脱すべく工業化の促進が不可欠です。**開発独裁**は、そのような工業化に反対する動きを徹底的に抑圧する政治体制です。

独裁とよばれるのは、**軍部**も含めた政治体制によって、政治的自由や表現の自由などの基本的人権を犠牲にしてでも経済発展を優先させたからです。開発独裁を行う国では、労働者の賃金を低く抑えて外国企業を誘致し、外国の資本（外資）を利用して工業製品を大量生産しました。

そして、開発独裁を行う指導者は、冷戦体制を利用し、反共を掲げることで**アメリカ**や**日本**などの西側諸国から積極的に支援を受けました。

開発独裁の典型例としては、**韓国**の**李承晩**政権や**朴正煕**政権、フィリピンの**マルコス**政権、インドネシアの**スハルト**政権、イランの**パフレヴィー**政権、**タイ**のサリット政権とその後の**軍事政権**などがあげられます。

また、アジアのなかでもまっさきに輸出志向型工業化によって経済成長を遂げた**韓国・台湾・香港・シンガポール**といった国や地域は、**新興工業経済地域**（**NIES**）とよばれるようになりました。

それらの国に続いて工業化を達成した**マレーシア・シンガポール・タイ・フィリピン・インドネシア**の5カ国は**東南アジア諸国連合**（**ASEAN**）を結成するなど、東南アジア地域の地域的な自立を高めていきました。

1960〜70年代の韓国・台湾

韓国では、李承晩大統領が1960年に学生・市民による民主化運動の高まりによって失脚しました。

その結果、民主的な政権が誕生したのですが、1961年には朴正煕が軍部クーデタを起こして政権を掌握し、大統領になりました。彼は軍部を後ろ盾に強権的な政権運営を展開し、財閥企業を中心とした輸出指向型工業化による経済発展を進めていきました。

また、1965年にはアメリカを支援して**ベトナム戦争**に参戦し、同年に**日韓基本条約**（➡テーマ**55**）を締結しました。それはベトナム参戦の見返りとしてアメリカから経済支援を受けるだけでなく、日本との国交を開くことで無償資金と**借款**や技術援助を受けることが目的でした。その経済援助によって韓国は工業化に着手することができ、1970年代に急速な経済成長を遂げていくことになります。

国共内戦（➡テーマ**46**）に敗れた**中国国民党**が統治する台湾では、国民党による一党支配体制のなか、アメリカから資金援助を受けることで、当初は輸入代替工業化政策がとられていましたが、1960年代に入ってからは**蔣介石・蔣経国**親子による開発独裁によって経済成長を実現しました。

他のアジア諸地域の動向に関しても右ページでしっかり確認しておきましょう！

60. 1970~80年代の世界経済② — アジア諸地域の経済発展

~東南アジア地域の明暗~

シンガポール

- マレーシア政府は、人口の過半数に満たないマレー人優遇政策を実施 — 1963年、マレーシア連邦成立。シンガポールはそのうちの1つの州
  - ↳ 中国系やインド系の住民が反発
- 1965年、中国系住民の反発によってシンガポールが分離独立 ← このときに今の国旗を採用した
  - ↳ リー=クアンユー首相のもとで急速な経済発展
- マレーシアはマハティール首相のもとで、日本・韓国をモデルに経済発展

インドネシア

- 1965年の共産党側のクーデタを鎮圧したスハルトがスカルノから権力を奪取
  - ↳ 親米・反共政策に転換。アメリカに接近
- 1966年、国連に復帰。ASEANの結成
  - ↳ 北ベトナム包囲網に加わり、アメリカの援助で経済発展を達成

カンボジア

- ベトナム戦争後、ポル=ポトが権力を握り、社会主義政策を推進
  - ↳ 反対派の大量虐殺など、国内は大混乱に.
- ベトナムがソ連の支援を受けて、カンボジアに侵攻、ポル=ポトを打倒
  - ↳ 反発した中国がベトナムに侵攻し、中越戦争へ
  - ↳ 内戦も勃発して大量に難民が発生し、政情不安に

国号は、民主カンプチア！

ポル=ポト

フィリピン

- 親米のマルコスが長期政権を築き、経済発展

タイ

以降、文民政権 → 軍によるクーデタ → 軍政権… というのを繰り返し、政情が不安定なことも

- 1957~58年、サリットらによるクーデタで軍事政権が樹立
  - ↳ 共産党勢力の台頭を抑え、外資を積極的に導入。経済発展。

第0章
第1章
第2章
第3章
第4章
第5章
第6章
第7章
第8章
第9章
第10章

テーマ 61 1970～80年代の世界経済❸──日本の経済大国化～バブル経済

日本の経済大国化

第1次石油危機（➡テーマ 56）以降の世界経済が停滞するなか、日本はいち早く不況からの脱出に成功し、1979年の第2次石油危機も乗り切って安定成長の軌道に乗りました。その背景には、危機感を募らせた企業が人員削減・パート労働への切り替えなど減量経営につとめてコスト削減を図り、コンピュータや産業用ロボットなどME（マイクロ＝エレクトロニクス）技術を利用した工場・オフィスの自動化を進めたことがあります。もともと第1次石油危機以降の不況は、経済が停滞し物価だけが上昇するというスタグフレーション（➡テーマ 59）の状態にありました。当時日本の労働運動は下火になっていて、労働者の賃上げの要求は低く抑えられていました。高物価と高賃金の悪循環が断ち切られていたこともあり、不況からの早い脱出が可能となったのです。

産業部門では、鉄鋼・石油化学・造船などで停滞が著しかったのに対し、自動車・電気機械のほか、半導体・IC（集積回路）・コンピュータなどのハイテク産業が輸出向けを中心に急速に生産を伸ばし、日本の貿易黒字は大幅に拡大しました。このため欧米諸国との間に貿易摩擦が発生しました。アメリカでは産業界の不振・対日貿易赤字が生じ、労働者の解雇・賃金引き下げにつながりました。これにより、日本製品不買運動・安保ただ乗り論などの批判が起きて、両国に政治的・経済的な悪影響を与えたのです。

そこで、アメリカは日米構造協議などの場で自動車などの輸出自主規制を求め、農産物の市場開放をせまりました。これに対し日本政府は1988年に牛肉・オレンジの輸入自由化（1991年実施）を、1993年にはコメ市場の部分開放を決定しました。その後もアメリカは、市場開放をさまたげる日本経済の不公正な制度・慣習を問題とするなど、対日批判を強めたのです。

バブル経済

アメリカは、レーガン大統領（➡テーマ 59）のもと、財政赤字と国際収支の赤字という「双子の赤字」を抱えていました。こうした状況に対し、1985年の5カ国財務相・中央銀行総裁会議（G5）において、アメリカのドル高是正のため協調介入を強化することが決定されます。このプラザ合意以降、円高・ドル安が急加速して輸出産業を中心に円高不況が一時深刻化しました。そこで、内需拡大を目指して政府が超低金利政策（金融緩和）をとったため、余剰資金が株・土地の売買に振り向けられたのです。この結果、実体とかけ離れた泡のように、地価や株価は投機的高騰を始めました。この状況はバブル経済とよばれました。企業業績の好調は極端な長時間労働を慢性化させ、過労死が問題になりました。また円高の進行のため、欧米・アジア諸国に生産拠点を移すなど日本企業の海外進出が急展開し、国内における産業の空洞化が進みました。その後、政府の公定歩合引き上げと不動産融資総量規制により1991年頃から地価が下がり始めると、企業や個人が大きな損失を出すようになりました。こうしてバブル経済の崩壊が訪れたのです。

中曽根康弘内閣は、新自由主義の世界的風潮のなかで、「戦後政治の総決算」を唱えて行財政改革を推進して老人医療や年金など社会保障を後退させ、電電公社（現、NTT）・専売公社（現、JT）・国鉄（現、JR）の民営化を断行しました。その一方、財政再建のための大型間接税の導入を果たせませんでしたが、続く竹下登内閣が消費税創設を実現し、1989年度から導入されました。

61. 1970~80年代の世界経済③-日本の経済大国化～バブル経済

❀日本の実質経済成長率の推移❀

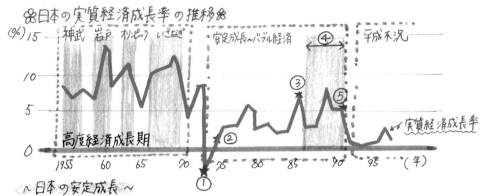

～日本の安定成長～

- ①第1次石油危機 (1973年)…「列島改造」政策による土地投機に、原油価格の暴騰も加わって 狂乱物価
  GNPが戦後はじめて マイナス成長 (1974年)

- ②安定成長へ
  - ＊減量経営 (80年代)… 省エネルギー、人員削減、パート労働への切り替え
  - ＊工場・オフィスの自動化 (オートメーション化)… コンピュータや産業用ロボットなどME(マイクロ・エレクトロニクス)技術を利用
  - ＊貿易摩擦… 自動車、電気機械、半導体、IC、コンピュータなどの ハイテク産業 の輸出拡大により、大幅な 貿易黒字
    └ 集積回路のこと ┘

～経済大国～

- ＊政府開発援助 (ODA)…発展途上国への政府の資金供与は急増し、1989年に、世界1位となる
- ＊日米構造協議… 貿易摩擦 にいらだつ アメリカが 自由な貿易を阻む構造上 の障害の撤廃を求めた
- ＊アジア太平洋経済協力閣僚会議 (APEC) (1989年)
  … ASEAN6カ国・韓国・ニュージーランド・オーストラリア・カナダ・アメリカ・日本 が当初の参加国．

POINT☆ プラザ合意 から バブル経済

[背景] アメリカの「双子の赤字」：アメリカは 巨額の 財政赤字と貿易赤字
  └→ 新冷戦の下、アメリカは 軍事費の圧迫で 世界最大の債務国
  ↓
③プラザ合意 ニューヨークのプラザホテルで 開催された 5カ国財務相・中央銀行総裁会議(G5)でアメリカの
(1985年) ドル高を抑えるために 各国の中央銀行が 協力して為替相場をコントロールする協調介入に 合意
  ↓
[結果] 日本は 円高不況 に…！→ 輸出の伸び 悩みのため、景気悪化
  └→ 内需拡大 (超低金利政策 と 公共事業増大による)
  └→ ④バブル経済 (＝株価と地価 の異常な高騰)
    ⇨ 公定歩合引き上げ と 不動産融資総量規制 により、⑤バブル崩壊

～行財政改革と消費税導入～

- ＊中曽根康弘内閣 … ┌・「戦後政治の総決算」を掲げて、日米・韓の緊密化と防衛費の大幅増額
  (1982~87年) └・行財政改革：民間活力導入路線を打ち出し、電電公社・専売公社・国鉄の民営化を断行

- ＊竹下登内閣 …… 消費税創設 (3%)
  (1987~89年)

テーマ 62 イラン゠イスラーム革命・湾岸戦争

イラン゠イスラーム革命

第二次世界大戦中の1941年から、イラン国王パフレヴィー2世（→テーマ47）は上からの近代化を推進していました（白色革命）。パフレヴィー2世は、内政においても外交においても**親米・親英路線**をとり、反共組織である**バグダード条約機構**（中東条約機構、METO）の一員となりました。

パフレヴィー2世による改革は、貧富の差の拡大という結果をもたらしました。**開発独裁**（→テーマ60）の政治体制がとられる国では、貧しい人たちの存在は犠牲として割り切られます。国民の不満は次第に高まり、1970年代末に**イラン゠イスラーム革命**が起きました（→テーマ59）。

革命を指導したのは、イスラーム教**シーア派**の指導者**ホメイニ**でした。ちなみに、イランでは国民の9割がシーア派です。ホメイニは、革命にあたり**イスラーム主義**を掲げ、本来のイスラーム教の教えに厳格に従うべきだとする考え方を示します。

革命により国王パフレヴィー2世は1979年に亡命し、同年にホメイニらは**イラン゠イスラーム共和国**を樹立しました。イランはこれまでの路線を一変し**反米・反英外交**を展開。イラン国内で採掘する石油の量を大幅に削減しました。その結果、世界中で石油が不足する事態となり、これが**第2次石油危機**（→テーマ61）の原因となります。反発を強めたアメリカはイランとの国交を断絶しました。

湾岸戦争

第二次世界大戦後のイラクでは王政が敷かれていましたが、1958年にイラク革命が発生し、王政が廃止されました。その後、1979年に**サダム゠フセイン**（→テーマ47）が大統領に就任。彼は独裁政治を展開し、国民の自由を権力で制限しました。イラクという国には、シーア派と**スンナ派**、**アラブ人と非アラブ人**といった異なる宗派・民族が混在しており、これらをまとめるために、フセインは強権的な政治を展開したのです。

フセインが大統領に就任した1979年、隣国イランでイラン゠イスラーム革命が発生しました。フセインは、革命の影響が自国に及びイラクでも革命が発生することを警戒しました。そこでフセインは、アメリカの支援を受けてイランに軍事侵攻し、シーア派の革命勢力を打倒しようとしました。こうして1980年に**イラン゠イラク戦争**が始まりました。

戦争は長期戦となり、イラクは財政難に陥りました。その後、国連の仲介もあって、戦争は引き分けという形で終結しましたが、1990年になると、なんとイラクは**クウェート侵攻**という軍事行動を起こしたのです。財政再建のため、クウェートで採れる**石油**を狙い、クウェートはもともとイラクの領土だと主張して攻撃したのでした。

翌年、アメリカを中心とする**多国籍軍**が、イラクを侵略者とみなして空爆を実施しました（**湾岸戦争**）。激しい空爆を受けて、イラク軍はクウェートから撤退しました。イラン゠イラク戦争ではイラクを支援したアメリカでしたが、湾岸戦争ではイラクと敵対したのでした。

62. イラン=イスラーム革命・湾岸戦争

~ イラン=イスラーム革命 ~

< 戦後のイラン >

国王 パフレヴィー 2世
・国王中心の近代化をすすめ、METO 加盟
・親米路線の政策

> 王権強化！白色革命（強制的な西欧化政策）！
> └→ 批判した ホメイニ は追放される

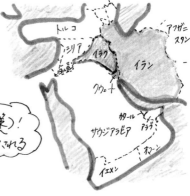

⇩ 結果…

イラン=イスラーム革命（1979.1）
・シーア派の指導者 ホメイニ が イラン=イスラーム革命 を主導
　　　　　　└→ イスラーム主義　　[反米！]
➡ パフレヴィー 2世は亡命。イラン=イスラーム共和国 が成立（1979.2）
➡ 産油量が減産され、第2次石油危機へ！

ホメイニ

~ イラクを巡る戦争 ~

[フセイン政権]

(1) イラン=イラク戦争…
(1980~88)

> Point!!
> アメリカの立ち回りが変化！

① 1980年、イラン=イスラーム革命の波及阻止を名目に、イラク がイランを奇襲
② アメリカ は、反米のイラン を警戒して、イラク を支援

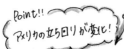 ②支援→  ①奇襲→
　　　　　　　　　　　　　　　　　VS

(2) 湾岸戦争…
(1990.1~3)

> MEMO
> 日本は多国籍軍に加わらず、
> 経済的な支援を行ったが、国際
> 的に批判された。
> → 翌年、PKO協力法を成立

① 1990年、イラク（フセイン）は、クウェートに侵攻《「クウェートはイラクの領土」と主張
② 安保理決議に基づき、多国籍軍 が イラク を攻撃
　⇒ フセイン は、停戦決議を受け入れたが、政権を維持

多国籍軍 ②攻撃→ イラク（フセイン）①侵攻→ クウェート
※アメリカ中心　VS

(3) イラク戦争…
(2003)

> MEMO
> のちに、イラクが大量破壊
> 兵器を有していないこと
> が確認された…

2003年、イラクが 大量破壊兵器 を有している、として 国連決議を待たず、
アメリカ・イギリスが イラク を攻撃
　⇒ フセイン政権は 崩壊

アメリカ（子ブッシュ）攻撃→ イラク（フセイン）

当時のアメリカ大統領
子ブッシュ
（共和党）

頻度 ★★★★★ | 世界史 | 日本史

テーマ 63 ソ連の消滅

ソ連の消滅

「雪どけ」（→テーマ51）後の米ソ間の対立はブレジネフの時代に再び悪化し、冷戦が激しさを増していました。1982年にブレジネフが死去すると、数名の指導者を経て、1985年に**ゴルバチョフ**が書記長に就任しました。これが冷戦の大きな転機となります。

ゴルバチョフは、**ペレストロイカ（改革）**とよばれるソ連の自由化・民主化を目指す改革に着手しました。1986年、現在の**ウクライナ**国内にあたる場所で**チョルノービリ原子力発電所事故**が発生しました。この事件は、ソ連政府の情報統制によって、国民はもちろんゴルバチョフのもとにもすぐには情報が届きませんでした。結果的に対策は後手に回り、被害も拡大。ソ連は国内外から強い非難を浴びることになりました。

そこで、ゴルバチョフは情報公開の必要性を痛感し、ペレストロイカの重要な柱として**グラスノスチ（情報公開）**の方針を掲げました。これまでは政府の機密事項とされていた情報も、一般の人々に公開されるようになったのです。

ゴルバチョフの改革は、国内政策のみならず外交政策にも及んでいきました。彼は**「新思考外交」**とよばれる外交を展開し、アメリカも含む世界中の国々との共存を掲げました。1987年には米ソ間で**中距離核戦力（INF）全廃条約**を調印し、1989年には**アフガニスタン**からの撤退を完了させました。また、フルシチョフの時代から対立を深めていた中国との関係を修復し、中ソ国交正常化にも成功したのです。

1989年、アメリカ41代大統領に**ブッシュ**が就任すると、ゴルバチョフの「新思考外交」を受けてソ連との和解に向けて動きだしました。1989年12月、ブッシュとゴルバチョフが地中海のマルタ島で**マルタ会談**を行い、ともに**冷戦の終結**を宣言するに至ったのです。

ゴルバチョフは冷戦の終結を宣言した後、1990年にソ連の大統領に就任しました。大統領となったゴルバチョフは**経済相互援助会議（コメコン〈COMECON〉）**や**ワルシャワ条約機構**など、冷戦時代につくられた組織を次々と解消していきました。1991年には、ソ連消滅の危機を感じた共産党保守派がクーデタを起こしましたが、後のロシア連邦大統領**エリツィン**らがこれを鎮圧。共産党は解散に追い込まれ、ソ連の民主化が進んでいきました。

保守派クーデタの後は、第二次世界大戦前にソ連によって併合されていた**エストニア・ラトヴィア・リトアニア**のバルト3国がソ連からの独立を回復しました。さらにはソ連内の11の共和国が**独立国家共同体（CIS）**を結成し、安全保障・経済・文化などの面での協力体制をとりました。もともとソ連は複数の共和国の集まりであり、ソヴィエト政府が各国をまとめるという連邦国家でした。CISではこの仕組みを廃止し、ソヴィエト政府が統率するのではなく、各共和国が協力する体制が目指されたのです。

その後、1991年12月にゴルバチョフが大統領を辞任。こうして完全にソ連は消滅することになりました。ソ連が崩壊すると、旧ソ連内の**ロシア共和国**は**ロシア連邦**と改称しました。その後はエリツィンがロシア連邦の大統領に就任しました。

63. ソ連の消滅

→ 1985. 書記長就任
（ペレストロイカ、グラスノスチ）
→ 1990.3 大統領就任
→ 1991.12 ソ連解体
（CIS成立）
⇩
ロシア連邦成立
（初代 エリツィン大統領）

ゴルバチョフは、ソ連最後の大統領だが、ロシアの大統領にはなったことがない

ゴルバチョフの登場

❀ 対国外 ❀
- 「新思考外交」…「対立から協調へ」
- 中距離核戦力(INF)全廃条約 の締結
- ソ連のアフガニスタン撤退

❀ 対国内 ❀
- ペレストロイカ…民主化に向けたソ連の一大改革。
- グラスノスチ … 情報公開。
  ↳ チェルノブイリ原発事故 が契機

～冷戦の終結～

1989年
- ⟨東欧革命⟩ … 東欧の 社会主義圏 消滅
  ↳ ベルリンの壁 開放 │東西ドイツ間が自由に行き来できるようになった！│

- マルタ会談
  ↳ 冷戦 終結

㊟ブッシュ(父) × ㋕ゴルバチョフ

・← マルタ共和国
（マルタ島）を開催

1990年
- ソ連、ゴルバチョフ大統領就任 │第2次世界大戦時、ソ連がバルト3国に侵攻、編入していた│
- バルト3国独立回復 → ソ連軍が介入
- 東西ドイツ統一 │西ドイツが東ドイツを編入│

1991年
- コメコン 解消
- ワルシャワ条約 機構解消
- 保守派クーデタ … ソ連共産党解散
- 独立国家共同体(CIS)創設 → 12月、ソ連消滅
  │旧ソ連の 11の共和国 が結成│

第0章
第1章
第2章
第3章
第4章
第5章
第6章
第7章
第8章
第9章
第10章

テーマ 64 地域紛争

アフリカの紛争

1970 年代、ポルトガルで民主化の動きが生じます。長年続いていた独裁政権がクーデタで倒れ、新たに成立した政権が植民地解放を宣言したのです。この動きに合わせ、アフリカのギニアビサウ・アンゴラ・モザンビークの 3 国が独立を達成しました。しかし、アンゴラとモザンビークでは、独立後に政府派と反政府派の**内戦**が勃発してしまいます。

アフリカで内戦が発生したのはアンゴラやモザンビークだけではありません。たとえば、西アフリカに位置する**ナイジェリア**では、東部に住むイボ族がビアフラ共和国として分離・独立を宣言したことをきっかけに**ナイジェリア内戦**（ビアフラ戦争）が発生しました。ビアフラ共和国には**石油**の埋蔵量が豊富な地域が含まれていたこともあり、ナイジェリア政府は独立を認めず、内戦になってしまったのです。また、アフリカ東岸に位置する**ソマリア連邦共和国**では 1988 年から**無政府状態**となり、多数のグループによる武力闘争が激化。1992 年には、武力行使を許可された**国連平和維持活動**（PKO）が実行されましたが、内戦を鎮圧することはできませんでした。

20 世紀最大ともいわれる紛争が発生したのは、東アフリカの内陸国**ルワンダ**です。ルワンダでは**フツ族**が**ツチ族**を大量虐殺するという**ルワンダ内戦**が起きてしまいました。

このように、独立を達成したアフリカの多くの国や地域は、紛争に頭を悩ませることとなりました。これらの多くは、かつて列強がアフリカを植民地支配していた時代に行った分断が原因となっており、いくつかの紛争はいまだに解決されていません。

ユーゴスラヴィア紛争

ソ連が崩壊する直前、**ゴルバチョフ**は、東欧諸国の自立化と民主化を促す声明を発表しました。東欧諸国で民主化運動が起きても、これまでのようにソ連が軍事介入を行うことはないという表明です。これを受けて 1989 年、東欧の社会主義諸国では**ポーランド**や**ルーマニア**などで次々に民主化が実現し、1990 年には**東西ドイツ統一**（➡ テーマ **63**）が達成されるなど、東欧社会主義圏が消滅することになりました（**東欧革命**）。

ところが、**ユーゴスラヴィア**では、冷戦終結後に新たな混乱が生じました。バルカン半島北部に位置するユーゴスラヴィアはもともと 6 つの共和国で構成され、加えて国内には複数の民族・言語・宗教・文字が存在している非常に複雑な状況でした。強力なリーダーシップで国をまとめていた**ティトー**（➡ テーマ **54**）の死去と冷戦の終結が民族対立・宗教対立を表面化させてしまいます。

ユーゴスラヴィアが解体し、かつての構成国が独立するなか、**ボスニア＝ヘルツェゴヴィナ**では**ムスリム**（イスラーム教徒）・**クロアティア人**・**セルビア人**が独立をめぐって激しく対立し、クロアティアとセルビアが武力干渉したこともあり激しい内戦となりました（**ボスニア＝ヘルツェゴヴィナ紛争**）。セルビアでは、南部の**コソヴォ**自治州で人口の大多数を占める**アルバニア系住民**が**セルビア**からの独立運動を起こすと、**セルビア**の**ミロシェヴィッチ**大統領は「**民族浄化**」を掲げ彼らを虐殺しました。これは国際社会から非難され、1999 年に NATO 軍による武力勢力への**セルビア空爆**が実施され、多くの一般人も巻き込まれて死亡しました。

64 地域紛争

~戦後の南アフリカ~

(1) <u>アパルトヘイト（人種隔離政策）の実施</u>

> 当時の南アフリカ連邦は、イギリス連邦のひとつ。
> ブール人＝南アに最初に入植したオランダ系白人。その子孫

これに対し…
→ イギリスが、ブール人を懐柔するために実施した、白人優遇政策

アフリカ民族会議（ANC）：非暴力主義に基づく、黒人解放運動を実施

> But… 白人政権のもと、アパルトヘイトは強化された。

(2) 南アフリカ共和国 成立

(背景) アパルトヘイトに、イギリス本国で非難が高まる

> あえて、イギリスの手から離れ、
> アパルトヘイトを自国内で強化しようとした

→ 南アフリカは、イギリス連邦から離脱して 共和国に国号変更
   … 白人優遇の差別主義は継続。ANCの指導者 マンデラを逮捕

(3) 国際社会の批判

・冷戦終結の影響で 南アフリカへの国際的な非難が高揚
・デクラーク大統領は、黒人との対話をすすめ、<u>ANCを合法化</u>
   → マンデラを釈放。1991年には、アパルトヘイトの法的撤廃を実現

デクラーク ※白人
マンデラ ※1994年黒人初の大統領に!!

> 1993年、2人は同時に、
> ノーベル平和賞を受賞!!

~アフリカ諸国の独立と紛争~

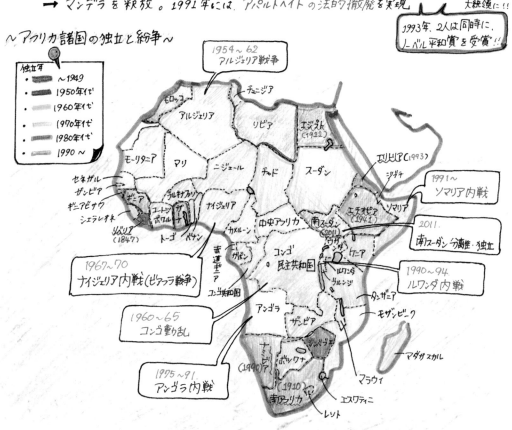

独立年
- ~1949
- 1950年代
- 1960年代
- 1970年代
- 1980年代
- 1990~

1954~62 アルジェリア戦争

1991~ ソマリア内戦

2011. 南スーダン分離・独立

1990~94 ルワンダ内戦

1967~70 ナイジェリア内戦（ビアフラ戦争）

1960~65 コンゴ動乱

1975~91 アンゴラ内戦

テーマ 65 開発途上国の民主化

中国の民主化

「大躍進」（➡ テーマ 58）による失態からの復活を図る毛沢東は、プロレタリア文化大革命を起こします。劉少奇や鄧小平などを資本主義にすり寄る裏切り者として批判するこの運動は、国内各地で暴動を巻き起こし、中国国内に混乱をもたらしました。そのため、中国の経済や産業は再び停滞期を迎えます。しかし、1976 年に首相の周恩来と国家主席の毛沢東が死去したことで、事態は収束に向かいます。

代わって実権を握った鄧小平は、さまざまな改革を進めました。鄧小平は、毛沢東が「大躍進」政策を進めるために各地の農村でつくらせた組織である人民公社を解体し、農村部に農業生産の請負制を導入しました。これによって、各地の農家は余った農産物を自由に販売できるようになりました。

さらに鄧小平は経済特別区（経済特区）を指定し、外国企業を誘致して経済の自由化を進めました。これらを改革・開放政策といいます。

その一方、政治の自由化を求める運動（民主化要求運動）も活発に起こりますが、鄧小平はこれを徹底的に弾圧しました。1989 年 6 月、北京の天安門前広場で民主化を求めて座り込みを行う学生や市民が、軍隊によって弾圧される事件が発生しました。これを天安門事件といいます。

多数の死者を出したこの事件は、世界中から大きな批判を浴びました。鄧小平は、経済的には資本主義の仕組みを導入する一方、政治的には共産党の一党独裁を決して崩そうとしなかったのです。これを社会主義市場経済といいます。

共産党の独裁が続くなかで、1997 年には香港がイギリスから、マカオがポルトガルからそれぞれ中国に返還されました。この香港とマカオは、社会主義国の中国へ返還された後でも、資本主義制度を維持しています。これを一国二制度といいます。

韓国と台湾

東西冷戦の前線にある韓国と台湾では、冷戦の緩和とともに、独裁から民主化への動きが進展していきます。1979 年に、軍部の力を背景として開発独裁（➡ テーマ 60）を進めていた韓国大統領の朴正熙が暗殺されると、韓国の民主化は転機を迎えました。

民主化を求める市民と軍部が衝突する光州事件が起こるなど、しばらくの間は不安定な時期が続きましたが、1988 年に選挙を経て盧泰愚が大統領に就任すると、民主化宣言を行いました。彼の時代には南北朝鮮の国連同時加盟も実現しました。

また、1998 年に金大中が大統領に就任すると、もともと民主化運動の指導者であった彼は、北朝鮮との友好政策に力を入れ、2000 年には金日成（➡ テーマ 46）の息子である北朝鮮の金正日総書記との間で南北首脳会談を実現させました。

台湾では、強権を振るった蔣介石・蔣経国の死後、1988 年に国民党の李登輝が総統に就任すると、一気に民主化が進展しました。その後も、野党である民進党出身の陳水扁が総統に当選するなど、民主政治の流れは続いていきます。

65. 開発途上国の民主化

~東南アジア地域の民主化~

インドネシア

スハルト

・<u>アジア通貨危機</u>で経済混乱、政府の汚職が明るみに。
　↳ スハルトは退陣に追い込まれ、以降、民主化が進展。

ビルマ

・アウン=サン暗殺ののち、軍部クーデタで軍事政権が権力を握る。
　↳ 社会主義化を推進。

・<u>アウン=サンの娘 スー=チー</u>が民主化運動を指導
　↳ スー=チーは軍部に軟禁と解放を繰り返される。

1989年、軍事政権は国号をミャンマーに変更!
スー=チー

・2010年頃から軍事政権が一定の民主化を容認しだす。
　↳ 2012年、スー=チーは連邦議会議員に当選
　　　2021年、軍部クーデタにより再び逮捕・軟禁

カンボジア

・ベトナムが侵攻して以降、内戦が激化
・ソ連の新思考外交と冷戦の終結の影響で、ベトナム軍のカンボジア撤退が実現
　↳ 国連が内戦終結のために介入し、カンボジア和平協定締結
・独立時の元首シハヌークが、政権に返り咲き、カンボジア王国へ　　立憲君主制に!
　↳ ASEANへ加入するなど、国際社会への復帰や国内の復興がすすむ

フィリピン

　　　　　　　　　　　　↱ ベニグノ=アキノ
・マルコスの長期政権のあと、対抗馬の暗殺を契機に反政府運動が勃発
・しばらく政情不安が続いたのち、コラソン=アキノが民主主義を掲げて当選
　　　　　　　　　　暗殺されたアキノの妻。
　　　　　　　　　　女性大統領!!

第0章
第1章
第2章
第3章
第4章
第5章
第6章
第7章
第8章
第9章
第10章

テーマ66 中東問題

中東の紛争　第1次石油危機（オイル＝ショック）（➡ テーマ59）の原因となったのは中東をめぐる紛争でした。本テーマでは、**中東問題**を一気に確認していきます！

　中東戦争の中心地は、かつてイギリスの委任統治を受けていた**パレスチナ**です。この場所には**ア
ラブ人**と**ユダヤ人**が住んでおり、**イスラーム教徒**と**ユダヤ教徒**が混在する地域です。第二次世界大戦後
にイギリスの委任統治が終了すると、民族が混在するパレスチナ地域をどう扱うのか、という問題が生
じました。そこで、国際連合は**パレスチナ分割案**を発表し、アラブ人とユダヤ人でパレスチナを分
割する提案をしました。しかし、この分割案が問題だったのです。

　当時、パレスチナにはアラブ人のほうが圧倒的に多く住んでいました。しかし、分割案ではパレスチ
ナの半分以上がユダヤ人に分割されることになっていたのです。アラブ人は分割案に反発しましたが、
ユダヤ人はこれを歓迎し**イスラエル**を建国しました。その後、アラブ人たちが結成した**アラブ連盟**
とイスラエルとの間で**第1次中東戦争（パレスチナ戦争）**が勃発したのです。この戦争はイスラ
エルの勝利に終わり、多くのアラブ人が土地を追い出されて難民となりました（**パレスチナ難民**）。

　1956年、エジプトの**ナセル**（➡ テーマ54）大統領が**スエズ運河国有化**を宣言しました。ナセルは
ナイル川上流に**アスワン＝ハイダム**の建設を予定していましたが、アメリカが費用援助を断ったこ
とを受け、建設資金の財源とするために国有化を宣言したのです。かつてスエズ運河を買収したイギリ
スはこれに反発し、**フランス・イスラエル**を誘ってエジプトに宣戦布告しました。これが**第2次中
東戦争（スエズ戦争）**です。エジプトは劣勢に立たされましたが、国連が即時停戦を決議し、また
国際世論もイギリス・フランスを批判、エジプトを支持したことで停戦となりました。戦争を乗り越え
たナセルはアラブ諸国の英雄となっていきました。

　第2次中東戦争後も、イスラエルは周囲のアラブ人国家と敵対を続け、難民は増加する一方でした。
そこで1964年に、イスラエルに支配されるパレスチナの解放を目指す**パレスチナ解放機構（PLO）**
という組織が結成されました（1969年から議長の**アラファト**が中心）。緊張が高まるなかで、1967
年にイスラエルがエジプト・シリア・ヨルダンに先制攻撃を仕掛けて**第3次中東戦争（6日戦争）**
を引き起こしました。イスラエルはこの戦争に圧勝し、**シナイ半島・ガザ地区・ゴラン高原・ヨルダン
川西岸**などを軍事占領しました。

　1968年、アラブ諸国の産油国（石油を産出している国）は**アラブ石油輸出国機構（OAPEC）**（➡
テーマ59）を結成。これは、石油に関する政策（**石油戦略**）を実施する際、産油国間で協力を図るため
の組織です。1973年には、エジプトとシリアがイスラエルに先制攻撃を仕掛けて**第4次中東戦争（十
月戦争）**が勃発しました。イスラエルが反撃に転じると、アラブ諸国は石油戦略を発動。OAPEC はイス
ラエルを支援する国々への石油輸出を停止し、**石油輸出国機構（OPEC）**は原油価格を上げました。
アラブ諸国の石油戦略を受け、イスラエルを支援する欧米や日本は大きな打撃を受けました。これが第1
次石油危機（オイル＝ショック）の原因でしたね。中東問題は現在も解決に至らず、今日の社会にさまざ
まな問題を引き起こし続けています。

66. 中東問題

~中東戦争まとめ~

☑ 第1次中東戦争【パレスチナ戦争】: 1948.5~49.2　→ テーマ47

契機: イスラエル建国を機にアラブ側から開戦
　　　↳ 米・英は イスラエル支援

結果: イスラエルの圧勝で占領地を拡大（分割案の約1.5倍）
　　　 " アラブ側は、ヨルダンがヨルダン川西岸地区、エジプトがガザ地区を占領
　　　　　↳ パレスチナ難民が大量発生（約100万人）
　　　　　　　　| 居住地パレスチナを追われたアラブ人 |

☑ 第2次中東戦争【スエズ戦争】: 1956.10~57.3　→ テーマ54

契機: エジプトのスエズ運河国有化に反発した英仏とイスラエルが接近
　　　↳ イスラエルがエジプトを奇襲し、続いて英仏軍が出兵

結果: 国連緊急総会で 米・ソが協調、即時停戦を決議
　　　 英仏イスラエルの3国は撤退。エジプトは 政治的に勝利

☑ 第3次中東戦争【6日戦争】: 1967.6

契機: イスラエルがエジプトを奇襲攻撃し、イスラエルの一方的勝利
結果: イスラエルの占領地が5倍に拡大し、パレスチナ全土を支配
　　　 " シナイ半島・ガザ地区・ヨルダン川西岸地区・ゴラン高原を占領
　　　　　↳ パレスチナ難民 の大量発生（一説には100万人以上）

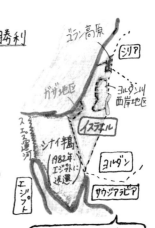

1967年6月までの
イスラエル

&━━ 第3次中東戦争
によるイスラエル占領地

☑ 第4次中東戦争【十月戦争】: 1973.10

契機: シナイ半島の 回復 をめざすエジプトが シリアと連合して開戦
結果: 緒戦は エジプトがイスラエルに勝利したが、イスラエルが反撃
　　　 ↳ アラブ石油輸出国機構（OAPEC）が「石油戦略」発動

> イスラエルの反撃に対し、産油国であるアラブ諸国は、
> 親イスラエル諸国に対し、原油輸出の 停止や価格引上げを行った。

➡ 第1次石油危機【オイル＝ショック】が発生　→ テーマ59.61
　　↳ イスラエルは戦闘には勝利したが、政治的に敗北し、不敗神話が崩壊

テーマ 67　1990年代以降の日本

バブル経済の崩壊

日本では 1991 年から**株価**が急激に下がり、**平成不況**に入りました。1992 年には**地価**も下落し始め、実質経済成長率は 1.3% に落ち込み、1993 年には 1% を割り込みました。このため、大量の**不良債権**を抱え込んだ金融機関の経営が悪化して**金融不安**が広がりました。銀行は、不良債権を回収できないことから**貸し渋り**を行ったため、企業の倒産や人員削減などの**リストラ**が進みました。その結果失業者は増大し、さらに景気が悪化してモノが売れなくなりました。収入の減った家庭は貯金を切り崩して生活を支えました。そのため預金額が減り、また銀行の貸し出しも減るという**デフレ＝スパイラル**に陥ったのです。こうして**終身雇用制**や**年功序列型賃金**といった**日本的経営**が揺らぎ、契約社員やパート・アルバイトなどの**非正規雇用**の労働者が増加することになりました。さらに、安価になった日本の株式や不動産を目当てとして海外資本の日本進出が活発になりました。

国際貢献

冷戦終結後の 1991 年、**クウェート侵攻**（➡ テーマ **62**）を行った**イラク**に対し、アメリカ軍を主力とする**多国籍軍**が国連決議を背景に武力制裁を加え、**湾岸戦争**が起こりました。経済援助だけでなく、世界平和の面でも国際貢献を求められた日本は、1992 年に**国際平和維持協力法**（**PKO 協力法**）を成立させます。これにより、**国連平和維持活動**（**PKO**）には協力するものの、**国連平和維持軍**（**PKF**）には参加しないという形での**自衛隊の海外派遣**が可能となりました。こうして、自衛隊は停戦監視や文民警察活動、道路・下水道の整備、避難民の救助といった人的支援にあたることとなったのです。また 2001 年の**アフガニスタン戦争**に対しては**テロ対策特別措置法**を制定し、海上自衛隊の艦船をインド洋に派遣して他国の艦船に給油を行いました。2003 年の**イラク戦争**に際しては**イラク復興支援特別措置法**を制定して、人道支援を行いました。

また 1996 年初めには、**橋本龍太郎**首相が、冷戦終結後の日米安保体制について、在日アメリカ軍の行動範囲を**アジア太平洋地域**とし、**日本周辺有事**の際に自衛隊がアメリカ軍の後方支援にあたれるよう「日米防衛協力のための指針」（「ガイドライン」）を見直すことを宣言しました。

21 世紀の政治

2001 年 4 月、構造改革を掲げて**小泉純一郎**が内閣を組織しました。小泉純一郎首相は、財政赤字の解消と景気の回復を目指して大胆な民営化と規制緩和を進め、2005 年に**郵政民営化法**を成立させました。その結果、「**失われた 10 年**」とよばれた不況期を脱したかに見えましたが、福祉政策は後退し、**所得格差・地域格差**が広がりました。

リーマン＝ショック（世界金融危機）からほぼ 1 年後の 2009 年 8 月に行われた衆議院議員選挙では**民主党**が**自民党**に圧勝し、**鳩山由紀夫**が組閣して民主党政権が発足しました。その後、**菅直人**内閣のときの 2011 年 3 月 11 日、**東日本大震災**が発生し東日本の太平洋岸に大きな被害が及びました。震災処理の不手際もあり、9 月に菅直人内閣が総辞職後、**野田佳彦**内閣が発足しました。しかし、2012 年、衆議院解散後の総選挙で民主党は惨敗して自民党の**第 2 次安倍晋三内閣**が誕生し、2015 年 4 月には「日米防衛協力のための指針」（「ガイドライン」）を 18 年ぶりに抜本的に改定したのです。

67. 1990年代以降の日本

55年体制の崩壊

- **1991〜93年** 宮沢喜一内閣：総選挙で自民党が過半数を下回り、非自民の勝利
- **1993〜94年** 細川護熙内閣：非自民8党派による連立政権
  - ↳ 選挙制度改革を実施！... 小選挙区比例代表並立制の導入など
- **1994〜96年** 村山富市内閣：自民・社会・新党さきがけの連立政権
  - ↳ 自衛隊合憲、日米安保の堅持を承認
- **1996〜98年** 橋本龍太郎内閣：連立内閣を引き継ぎ、保守と革新の対立が壊れる。

転換点としての戦後50年

- ☑ 阪神・淡路大震災(1995年)... マグニチュード7.3、6400人以上の死者
- ☑ 地下鉄サリン事件(1995年)... オウム真理教による無差別テロ事件
- ☑ 村山談話(1995年8月15日)... 日本が第二次世界大戦中にアジア諸国で行った侵略や植民地支配に対して、公式に謝罪したもの。
- ☑ 沖縄少女暴行事件(1995年9月)... アメリカ軍基地の縮小・撤去、安保体制の見直しが問題化
- ☑ 高速増殖炉「もんじゅ」ナトリウム漏れ事故発生(1995年12月)(@福井県敦賀市)

〜日米ガイドライン(防衛協力指針)の変遷〜

年.首相	背景・想定	内容
1997 (橋本)	・不安定なアジア情勢 ・周辺有事を想定	・日米安保共同宣言を具体化 ・平素からの日米の協力
2015 (安倍)	・中国の台頭・北朝鮮の核開発 ・新領域(サイバー攻撃・宇宙空間)の課題を想定	協力範囲が「アジア太平洋地域及びこれを超えた地域となり、地理的限定がなくなる

21世紀の政治

- **2001〜06年** 小泉純一郎内閣：「聖域なき構造改革」を打ち出し、郵政民営化法をめぐる総選挙で、自民党圧勝。
- **2008〜09年** 麻生太郎内閣：総選挙で鳩山由紀夫率いる民主党が単独過半数獲得し、総辞職。
- **2009〜10年** 鳩山由紀夫内閣：普天間基地移設問題の日米合意をくつがえし、基地の県外移設を追求したが、実現できず…。
- **2010〜11年** 菅直人内閣：東日本大震災に伴う重大な原子力事故への不手際で総辞職。
- **2012〜20年** 第2次安倍晋三内閣：安全保障関連法案を強行採決し、集団的自衛権を行使可能とした。

第0章
第1章
第2章
第3章
第4章
第5章
第6章
第7章
第8章
第9章
第10章

テーマ 68 現代世界の課題 ❶ ── グローバル化がもたらす課題

テロリズムと排外主義の台頭

これまで何度か確認してきたように、**中東地域**では紛争が現在に至るまで解決することなく続いており、不安定な情勢は国境を越えてさまざまな国に影響を及ぼしています。**湾岸戦争**（➡テーマ**62**）の際にアメリカ軍が**サウジアラビア**に駐屯したことは、**ペルシア湾岸地域**におけるアメリカへの反発心を高め、**2001年9月11日**の**同時多発テロ事件**を引き起こしてしまいました。アメリカはテロの主導組織をかくまっているとして**アフガニスタン**に軍事攻撃を行いました（**アフガニスタン戦争**）。これ以降、アメリカ vs イスラームという構図が強調され、アメリカが引き起こした**対テロ戦争**は、イスラーム教徒に対する過激な偏見を世界に拡散し、人々の結束に分断を生じさせていきました。

また、**2010年末〜11年**にかけては**アラブの春**とよばれる大規模な運動が起こり、アラブ諸国の多くの国で長期独裁政権が相次いで崩壊し、民主主義的な改革が進みました。しかし多くの国で政情を安定させることができず、一帯は混乱状態が続き、シリアやイラクでは**イスラム国（IS）**とよばれる過激派組織の台頭を招いてしまいました。

その結果、中東地域からヨーロッパへの**難民**が急増し、フランスやドイツを筆頭に移民排斥の機運が高まり、反難民を掲げる勢力が支持を伸ばすなど、排外主義が拡大しています。拡大する排外主義は、排斥された人々を過激な**テロリズム**の思想に走らせ、世界各地でテロ事件が起こる原因となっているのです。

ウクライナ問題

1989年に冷戦の終結が宣言され、**1991年**には**ソ連が消滅**しました（➡テーマ**63**）が、その後も列強間の利害対立は解消されたわけではありません。冷戦終結後にソ連から分離・独立した**ウクライナ**では、**EU**及び**NATO**への加盟を掲げる**親西欧派**と**親ロシア派**の政権とが対立を続けていました。**2014年**の革命で親西欧派の政権が樹立すると、**ロシアのプーチン**大統領は、クリミア半島の住民がロシア編入を希望しているとして、**ロシアのクリミア併合**を宣言しました。さらに、ウクライナ東部では、ロシア系住民の多い一部地域で分離運動が勃発。それを認めないウクライナ政府と、ロシアから軍事支援を受けた分離派との間で激しい**内戦**に突入してしまいます。

こうした情勢を受けて NATO はポーランドなどの近隣国の軍備増強を進め、対ロシアの姿勢を強めていきました。ウクライナでは**2019年**に NATO 加盟及び東部紛争の解決を公約に掲げた**ゼレンスキー**大統領が当選し、ウクライナ軍と親ロシア派は停戦に合意します。しかし、その後も断続的に戦闘が続き、**2022年2月24日**にはヨーロッパでの NATO の東方拡大に反発していたプーチンが**ロシアのウクライナ侵攻**を実行しました。

ウクライナは NATO 非加盟国であるため、欧米の諸国は直接的な軍事介入を避け、ロシアに対する**経済制裁**を実施しています。しかし、プーチンは NATO のロシアに対する攻撃的な姿勢に反発し、最悪の場合、核戦力の行使もあることを暗に示した「特別態勢」を敷いています。2023年2月時点でも両国の戦闘は続いており、この対立は**東西冷戦**がもたらした人々の分断が、今もなお深刻な影響を有している象徴といえるでしょう。

68. 現代世界の課題① - グローバル化がもたらす課題

~国際的な経済危機~

(1) リーマン＝ショック

> ローンを組んだとしても返済にかかる金利（利子率）が低いので、借りやすい→住宅投資増

　背景：アメリカの低金利政策のもとで、住宅投資が活性化、住宅価格が高騰

　　　　↳ 2004年頃からは低所得者層向けのサブプライム＝ローンが増加

　経過：グローバル化を背景に、サブプライム＝ローンはヨーロッパへも拡大

　　　　↳ その後急激に住宅価格が下落すると、投資していた銀行に深刻な負債が発生

　結果：2008年9月15日、大手証券会社・投資銀行リーマン＝ブラザーズが倒産

　　　　↳ 欧米の銀行の破綻が連鎖し、世界中で株価が暴落

> ローンを借りていた人は元手も利子分も返せずにいた

(2) ユーロ危機

　背景：2002年、ギリシアがEUの共通通貨であるユーロを導入

　経過：2009年、ギリシア政府による巨額の財政赤字隠ぺいが発覚

　　　　↳ ギリシア国債は暴落。連動して外国為替市場でユーロが下落

　結果：ユーロを採用していた他のヨーロッパ諸国に経済不安が拡大

~ロシアが抱える紛争（ウクライナ以外）~

◆ チェチェン紛争 ◆

・1994年、黒海とカスピ海の間に位置するチェチェン共和国が
　独立宣言　　　↳ロシア連邦の1つ

　↳ But 石油のパイプラインルートの利権確保のために、
　　　　ロシアが軍事介入

　⬇

2009年には、終結が宣言されたが未だにテロなどが続く

MAP
ロシア
ロシア領北オセチア
ジョージア
ロシア領チェチェン共和国
ジョージア領南オセチア
黒海
カスピ海
トルコ
アルメニア
アゼルバイジャン

◆ 南オセチア紛争 ◆

ジョージア領内の南オセチア州の独立運動をロシアが支援・介入（※ロシア領北オセチアには、同じ民族居住）

　⬇

ロシアとジョージアの武力衝突に発展

第0章
第1章
第2章
第3章
第4章
第5章
第6章
第7章
第8章
第9章
第10章

テーマ 69 現代世界の課題② —— 人権問題・地球環境問題・情報社会

人権問題　人間が人間らしく生きるために、生まれながらに持つ普遍的な権利が**人権**（**基本的人権**）とよばれるものです。本来、この人権は皆に平等に与えられたものであるはずですが、人権をめぐっては、今もなお多くの困難に直面していると言わざるをえません。

　近年では、生存権や自由権といったもののみならず、**両性の本質的平等**や、**プライバシーの権利**、**知る権利**、さらには**環境権**や**自己決定権**など多岐にわたる領域で「平等な人権」をめぐる議論が巻き起こっています。現代世界において人権問題は、一人ひとりが納得して生きていける社会を築くために私たちが正面から向き合わなければならない課題だといえるでしょう。

地球環境問題　人間は自分たちが住むこの地球上の自然環境に、自分たちがよりよく生きるためのさまざまな改変を施してきました。その結果として近年、地球上の自然環境の維持を妨げる多くの**地球環境問題**が生じています。**地球温暖化**や**オゾン層の破壊**、**酸性雨**などの環境汚染は一国での解決が難しく、世界各国で手を取り合って対応していかなければならない問題です。

　1992年に開催された**環境と開発に関する国連会議**（**地球サミット**）では、世界各国が共同して環境問題に取り組むことが確認されました。しかし、経済開発を優先する開発途上国のなかには規制に反発する国もあり、国同士の利害対立への対応にも迫られています。

情報社会　**情報通信技術**（**ICT**）の普及は、遠く離れた人々の間でもリアルタイムでの接続を可能にし、**グローバル化**を大きく促していきました。ただし、**情報社会**がもたらしたものは恩恵ばかりではありません。情報通信技術の恩恵をより多く受けられる人とそうでない人との間で新たな格差問題が生じたり、個人情報を不正に入手し悪用する犯罪が発生したりするなど、情報通信技術と人々との関係性をめぐっては、これまでになかった問題への対応が求められています。

新型コロナウイルス感染症　ペストやマラリアなど、人間の歴史は疫病（えきびょう）の脅威に何度もさらされてきました。そして現在（2023年時点）、**2019年末**に世界で最初の患者が報告され、グローバル化の波に乗って瞬く間に世界中に**パンデミック**が拡大していった**新型コロナウイルス感染症**は、今もなお私たちの生活に大きな影響を及ぼしています。グローバル化により世界中の人や情報、モノやお金といったものは国境を越え、各国は相互の関係性を日々強めてきました。

　しかし、コロナショック以降、多くの国で経済の成長が止まり、自国の利益を優先する**保護主義**（**保護貿易**）の台頭が顕著になりつつあります。コロナショックの動揺は、**国際連合**や**EU**などの組織による**国際協調主義**のもとで、**国民国家**といった枠組みは過去のものになりつつあるという見通しを打ち崩し、各国は今日のグローバル経済や民主政治のあり方を見直す必要性に迫られています。

69. 現代世界の課題②-人権問題・地球環境問題・情報社会

〜排外主義の台頭〜

ポピュリズム … ┌ ・相対的に収入や学歴の低い一般国民層を迎合させる政策
　　　　　　　　│ 　　└→ 支持獲得のために外国人排撃 などが しばしば 叫ばれる
　　　　　　　　└ ・ドナルド=トランプ元アメリカ大統領 などが、ポピュリズムの典型とされる

〜新たな人権問題〜

LGBT … 同性愛者や男女を問わない同性愛者、
性別不合 などの 性的マイノリティ の総称。
そうした人々を取り巻いて 様々な人権問題が生じている。

Lesbian（女性の同性愛者）　　　　Gay（男性の同性愛者）

Bisexual（男女を問わない同性愛者）　Transgender（トランスジェンダー）

〜グローバルな環境問題〜

1972年	・国連人間環境会議 …「かけがえのない地球」
	・国連環境計画（UNEP）設置。人間環境宣言 採択。

1992年	・環境と開発に関する国連会議（「地球サミット」@リオデジャネイロ）
	…「持続可能な開発目標（SDGs）」
	・アジェンダ21 策定、リオ宣言 採択 など。

1997年	・京都議定書 … 先進国の温室効果ガス削減の数値目標策定。
	アメリカが批准拒否。

2015年	・パリ協定 … 21世紀後半に温室効果ガス排出量を実質ゼロにする
	目標を掲げる。

頻度 ★★★☆☆　世界史｜日本史

少子高齢化

日本の人口は 2005 年には約 1 億 2800 万人であったものの、2045 年には 1 億人を割ると想定されています。**少子高齢化**による人口減少社会では、どのような問題が起こるのでしょうか。

まず労働人口の減少があります。労働人口がこのまま減少していくとすると、若年層の労働能力の開発や中高年層の労働能力の再開発など、1 人当たりの労働生産性を向上させるなどしない限り、経済成長に対してマイナスの影響を与えることになります。また、高齢者人口の増大により、**年金**や**高齢者医療費・介護費**は年々増大することになります。

つまり、少子高齢化は家庭や地域社会の機能を縮小するばかりでなく、経済成長への悪影響や、**税収・保険料**の減少をも招くこととなり、**社会保障制度**にも深刻な影響を及ぼすことになってしまうのです。

原子力発電と自然災害

地球温暖化（➡ テーマ **69**）や**生態系**の破壊など、環境破壊も深刻です。1997 年に**京都議定書**が採択されると、先進国の温室効果ガス排出削減目標が定められました。**温室効果ガス**とは、二酸化炭素をはじめとする、地球温暖化の主な原因とされている気体です。原子力はそうした温室効果ガスを出すことなく大量のエネルギーを供給することができるため、日本では 1970 年代以降、原子力発電所の建設が推進されてきました。

しかし、1995 年に発生した**高速増殖炉「もんじゅ」ナトリウム漏れ事故**（福井県）や、1999 年の**東海村臨界事故**（茨城県）、2011 年の**東日本大震災**における**東京電力福島第一原子力発電所事故**などによって**原子力発電**に対する信頼が揺らぎ、エネルギー政策そのものが問い直されているのが現状です。

また、原子力は**安全性**の確保や、燃料となる**ウラン**が採れる場所が一部の地域に偏っているなどの問題があります。今後の代替エネルギーとしては、**太陽光発電**や**地熱発電**、**風力発電**などを利用する**再生可能エネルギー**が注目されています。同時に、エネルギーを大量に使う社会のあり方も議論されるようになりました。

現在の日本

新型コロナウイルス感染症の流行前までは海外からの訪日客数は増加傾向にあり、近年では**和食・アニメ**などをはじめとする日本の魅力を**クールジャパン**として、世界に発信するための政策が政府によって推進されています。

また、東アジアは北朝鮮の核開発や中国の軍事的台頭に直面しており、日米の同盟関係は強化の方向に進んでいます。その一方、沖縄では 1995 年に**沖縄少女暴行事件**が起こり、基地の縮小・撤去を求める運動が一層強まりました。その後、約 5000 ヘクタールの返還が合意されましたが、**普天間基地**の名護市辺野古への移設や新型輸送機オスプレイの配備の問題など、重い負担から生じる問題が残り、その解消に向けた取り組みが強く求められています。

日本と東アジアの国々の間には歴史認識や領土をめぐる問題もあり、関係改善に向けて努力が続けられています。

20. 現代世界の課題③−人口減少、原子力発電、自然災害

◆人口減少社会の到来◆

- ・少子高齢化社会…日本の人口は、2045年には、1億人を下回る計算
  → 経済成長を阻害、社会保障制度にも深刻な影響

- ・地方の過疎化…都市と地方の格差拡大

→ 政府の対策＝外国人労働者の受け入れや「地方創生」として
　地方に交付金支給、首都機能の地方移転の検討

> 1人の高齢者(65才以上)を
> 支える若者(20〜64才)は…
> 1965年：9.1人
> 2000年：3.6人
> 2050年：1.3人？

◆原子力発電と自然災害◆

1974年	電源三法公布…原子力発電所建設のために田中角栄内閣により成立 ↳日本は資源が乏しい。原子力は地球温暖化にもやさしく、安価。
1997年	京都議定書採択…地球温暖化問題への対応として、温室効果ガス排出削減 目標決定
1999年	茨城県東海村臨界事故…核燃料物質が制御不能となって、核分裂連鎖反応を おこす臨界事故が発生
2011年	東日本大震災…東京電力福島第一原子力発電所事故が発生
2016年	熊本地震…熊本城の倒壊
2018年	北海道胆振東部地震…電力の供給がとだえ、酪農、農業、漁業に大きな被害

現代の日本とこれからの日本

- ○観光立国…コロナ前までは、海外からの訪日客数が連続して増加し、「クールジャパン」など、日本に対する関心は高まっている。

- ○日米防衛協力の新ガイドライン…地域、グローバルや宇宙、サイバーといった 新戦略的領域
  〈2015年〉　　　　　　　　にも日米同盟の強化が示された。

- ○沖縄でのアメリカ軍施設をめぐる問題…騒音、事故など県民の不満は高まる。
  - MEMO
  > 沖縄・宜野湾市の普天間基地は市街地にあり、住宅や学校などと隣接。
  > 「世界で最も危険な飛行場」と言われている…

- ○日本国憲法…「平和主義原則」の理念により、国際社会の平和と安全への貢献が
  求められている。

第0章
第1章
第2章
第3章
第4章
第5章
第6章
第7章
第8章
第9章
第10章

タバコの歴史

タバコは、ナス科の植物です。70種近い種類がありますが、最もメジャーなのがニコチアナ・タバカムという種類です。なんだか、それっぽい名前ですね。

原産地は、アメリカ大陸です。マヤ文明では神様がタバコを吸っているレリーフが見つかっており、7世紀に描かれたとされています。先住民インディオは、喫煙したり、かんだり、かいだり、傷口に汁を塗り込んだりしてタバコを消費していました。

はじめてタバコを知ったヨーロッパ人は、コロンブスです。アメリカ大陸に到達したときに先住民から喫煙の儀礼を受けたのです。コロンブス一行は「インディオが燃えている！」と驚きました。その後、彼らをまねして吸ってみたところ、すっかり病みつきになってしまいました。ちなみに、ニコチンの吸収速度は喫煙が最速だそうです。口のなかに含むかみタバコや、鼻から粉末を吸い込むかぎタバコと比較しても速いのです。約15秒で全身に行き渡ります。

コロンブスの航海日誌を読むと、タバコに関する記述が見つかります。「枯れたタバコの葉を別の葉でくるみ、筒の片方に火をつけて反対側から吸うと疲れが吹っ飛ぶ」とのことです。

こうして、タバコは万能薬になると期待されてヨーロッパに持ち帰られました。しかし、特にカトリック圏では、タバコはなかなか根づきませんでした。その理由は、異教徒の風習である、火災の危険がある、たんがよく出るから汚い、中毒性があって体に悪い、などです。実際、教皇庁は何度も喫煙禁止令を出しています。

その後の、ヨーロッパ各地への普及拡大状況も見ていきましょう。

フランスでは、ヴァロワ朝アンリ2世夫人にしてシャルル9世の母でもあるカトリーヌ＝ド＝メディシスが愛煙家でした。彼女が偏頭痛に悩まされていたところ、外交官のジャン＝ニコという人物が、「これは効きます」とタバコをすすめてきたのです。こうして、タバコを流行させたニコにちなんで「ニコチン」という言葉が生まれました。

イギリスに最初のタバコがもたらされたのは、エリザベス1世の治世下でした。最初は薬草として紹介されています。

ステュアート朝のジェームズ1世は、『タバコへの反論』という本を書くほどタバコがきらいでした。タバコが万能薬だなんてうそっぱちだと言ってはばからず、喫煙は野蛮人の汚れた行為だと非難します。

ちょうどこの頃に活躍したのがシェークスピアです。これだけタバコがはやっていたのに、彼の作品にはタバコに関する記述はいっさい出てきません。いかにもタバコが似合いそうな登場人物も吸っていません。これは、時の権力者であったジェームズ1世への配慮でした。

次のチャールズ1世も喫煙者に弾圧を加えました。こうした圧政への反発がピューリタン革命へとつながっていったのです。

さくいん

鈴木 悠介 (すずき ゆうすけ)

　オンライン予備校「ただよび」講師。1986年、東京都生まれ。早稲田大学在学中より塾で歴史を教え始め、卒業後に予備校講師となる。現在は、各地でのライブ授業に加え、「ただよび」以外にも、「学びエイド」など全国配信の映像授業でも活躍中。

「論理性」「興味性」「実用性」を最大限に追究する講義は、受講生から「歴史が大好きになった！」と大好評を博す。とりわけ、「ただよび」で一般公開した「感染症の世界史」をはじめとする数々のテーマ史講義は多くの社会人・教育関係者からの高い評価を獲得し、選択科目としては異例の動画再生数を誇る。自身のYouTubeチャンネル（「すずゆうチャンネル」）も好評。

　学習参考書のおもな著書・監修書に、『高校世界史をひとつひとつわかりやすく。[古代〜近代へ][近現代]』『世界史単語の10秒暗記ENGRAM2250』『イチから鍛える世界史［入門編・必修編・発展編］』『よくわかる高校歴史総合』（以上、Gakken）、『世界史用語 マルチ・トレーニング』（旺文社）などがある。また、一般書の監修も務める。

　自他ともに認める筋金入りの「予備校オタク」であり、「日本で最も予備校業界への愛にあふれる現役の予備校講師」を自称する。

カリスマ講師の

日本一成績が上がる魔法の歴史総合ノート

2023年3月29日　初版発行

著者／鈴木 悠介

発行者／山下 直久

発行／株式会社KADOKAWA
〒102-8177　東京都千代田区富士見2-13-3
電話 0570-002-301(ナビダイヤル)

印刷所／株式会社加藤文明社印刷所